VINAIGRE & BICARBONATE

Mise en page : Akila Bellil

Crédit photos :
© iwka, © Ed Isaacs, © Danny E Hooks, © jordache, © Brooke Fuller,
© Lakhesis,© Krzysztof Gorski, © Ivonne Wierink, © Baloncici, © highviews,
© Jaroslaw Grudzinski, © bonchan, © Feng Yu, © Robyn Mackensie,
© YuliaPodiesnova, © jip Fens, © Nikola Bilic

Mise en page : Akila Bellil

ANAGRAMME EDITIONS
Dépôt légal 4ème trimestre 2012
ISBN 978-2-35035-401-9

Site Internet :
www.anagramme-editions.fr

Imprimé en Slovaquie par Impression World

Edité par ANEDIT s.a.r.l.
30-32, rue de Lappe
75011 Paris
info@anagramme-editions.fr

Nathalie Nagy-Kochmann
Béatrice Montevi

VINAIGRE & BICARBONATE

le duo malin

ANAGRAMME
éditions

Sommaire

Notes : Les mots suivis d'un astérisque (*) sont définis dans le glossaire en fin d'ouvrage.

Première partie

Le VINAIGRE

Le vinaigre,
origines et histoires...

Qu'est-ce que le vinaigre ?

Le mot « vinaigre » vient du mot composé « vin aigre », c'est donc un vin qui a tourné ou plus précisément qui s'est oxydé. En effet, le vinaigre est un liquide acide obtenu grâce à l'oxydation de l'éthanol (alcool) contenu dans le vin, le cidre, la bière et les autres boissons fermentées qui peuvent produire du vinaigre. Le vinaigre commun comprend une concentration d'environ 5 à 8 % d'acide acétique. L'acide tartrique et l'acide citrique se retrouvent, en plus faibles concentrations, dans les vinaigres naturels.

Ne peut être appelé « vinaigre » qu'un produit obtenu à partir du processus de double fermentation* : alcoolique et acétique. La fermentation est elle-même obtenue à partir de produits d'origine agricole ou issus de dilutions aqueuses (c'est-à-dire une solution contenant plusieurs espèces chimiques et majoritairement constituée d'eau et de solvants).

Mais, en soi, tous les aliments sont susceptibles d'être transformés en vinaigre dès lors qu'ils produisent une fermentation alcoolique. C'est pourquoi la liste des vinaigres potentiels et existants peut être infinie. On peut réaliser du vinaigre de fleurs, d'algues, de miel mélangé à une infusion de plantes, de lait de coco, etc. Il y a ainsi des vinaigres très rares et très originaux. En Suisse est fabriqué du vinaigre de petit-lait ; après avoir chauffé ce dernier, on neutralise les ferments lactiques du lait qui produit de l'alcool et donc par la suite du vinaigre.

Mille et un vinaigres, de la vigne au malt

Il existe toutes sortes de vinaigres puisque, comme nous l'avons vu, tout produit fournissant de l'alcool est susceptible de se transformer en vinaigre. Ainsi, il existe bien sûr différents vinaigres de vin, du vinaigre de cidre, de miel, de noix, d'alcool, ce dernier principalement pour le ménage. Mais on trouve aussi des vinaigres comme les vinaigres de bière et de malt, le vinaigre de sucre, et les vinaigres de fruits, à ne pas confondre avec les vinaigres aromatisés à la framboise, par exemple, qui sont en fait des vinaigres de vin.

Les vinaigres de fruits sont des vinaigres issus de la fermentation acétique des jus de fruits déjà alcooliquement fermentés. La production de ce type de vinaigre reste aujourd'hui assez limitée, mais, comme le goût des consommateurs tend de plus en plus vers des vinaigres différents, d'où une importante production de vinaigres aromatisés, les vinaigres de fruits rouges connaissent une production en hausse.

Il est possible de réaliser du vinaigre avec toutes sortes de fruits telles les bananes, les figues, les pêches, etc. La fabrication des vinaigres de fruits se fait à partir d'alcool de fruits. La fermentation acétique est ensuite obtenue dans des cuves en acier, parce que le bois altère la saveur du fruit.

En ce qui concerne les vinaigres de bière et de malt, ils sont d'origine britannique, puisque ces boissons sont inscrites dans cette culture. Ces vinaigres sont obtenus à partir d'orge de malt fermentée. Leur goût est très prononcé et légèrement âcre. Ils sont particulièrement utilisés pour la réalisation de marinades, de chutney*, ainsi que pour la confection du célèbre *fish and chips* anglais.

Les usages du vinaigre, d'hier à aujourd'hui

Si le vinaigre tient de nos jours une place très importante dans la cuisine, cela ne date pas d'hier. Mais, au-delà des usages gastronomiques qu'on lui connaît, comme la confection de vinaigrettes et de marinades et l'usage de condiment, c'est aujourd'hui pour ses qualités antiseptiques ancestrales que le vinaigre revient sur le devant de la scène.

On pense que le vinaigre ainsi que sa fabrication ont été découverts il y a cinq mille ans sur les rives de l'Euphrate et du Tigre, en Mésopotamie. Les premiers vinaigres étaient sans doute non pas des vinaigres de vin mais des vinaigres de miel ou de fruits, qui une fois fermentés produisaient de l'alcool et par la suite du vinaigre. Le vinaigre est aujourd'hui reconnu pour des vertus très variées, passant de la cuisine au ménage et enfin à la beauté. Le vinaigre contient un nombre important de composants essentiels, tels que des minéraux et des vitamines.
Il contient en effet des acides aminés, du bore, du calcium, des enzymes, du fer, du fluor, du magnésium, du manganèse, des vitamines des groupes B et D, du sodium (vingt pour cent), du soufre, du silicium, du potassium, du phosphore et des oligoéléments.

Au Moyen Age, le vinaigre n'était pas seulement un exhausteur de goût, mais il était aussi un véritable médicament reconnu pour ses vertus antiseptiques, protectrices contre les maladies contagieuses comme la peste. De ce fait, en 1630, alors que la ville de Toulouse connaissait une épidémie de peste particulièrement mortelle, quatre détrousseurs de cadavres furent pris sur le fait, qui ne présentaient pourtant aucun symptôme. Cette immunité suscita la curiosité et les quatre voleurs furent interrogés. Leur seule explication fut qu'ils s'enduisaient le corps en effectuant des frictions d'un vinaigre de leur préparation. Ce vinaigre « des quatre voleurs », composé de vinaigre, d'épices et d'aromates, a été inscrit au codex en 1748 et est encore vendu en pharmacie comme antiseptique. Ce livre vous dévoilera plus tard la fameuse recette du vinaigre des quatre voleurs...
Si, par la suite, les propriétés médicinales et écologiques du vinaigre ont été négligées, elles sont à nouveau reconnues aujourd'hui.

Originellement obtenu de manière peu encadrée, le vinaigre a vite connu dans notre civilisation occidentale une fabrication industrielle qui s'est accompagnée des recherches nécessaires pour plus de rentabilité, de stabilité des produits, etc.

Les fabrications du vinaigre

La méthode traditionnelle

dite « méthode d'Orléans »

Il existe deux grands types de fabrication du vinaigre, hormis la fabrication artisanale, ou « maison ». Il s'agit de la méthode traditionnelle, appelée « méthode d'Orléans », et de la fabrication industrielle.

Le nom de cette méthode vient du fait qu'Orléans a longtemps été la capitale française du vinaigre. La Corporation des vinaigriers, buffetiers, sauciers et moutardiers y a été fondée en 1394 et fut reconnue officiellement par le roi de France en 1594.

Par sa position géographique sur la Loire, Orléans était un port important au Moyen Age. Mais les vins transportés par voie fluviale connaissaient de longs trajets et leur qualité laissait plutôt à désirer. Ils étaient souvent piqués et donc, une fois déchargés à Orléans, il fallait les transformer. C'est ainsi qu'est née la tradition vinaigrière de cette ville.
La qualité des vinaigres d'Orléans n'a pas tardé à se faire connaître et, au XIXe siècle, cette notoriété avait atteint son apogée. Outre sa position géographique, l'autre avantage d'Orléans en tant que cité vinaigrière était son savoir-faire vinaigrier et une méthode bien particulière d'acétification. La méthode dite « d'Orléans » est un procédé qui utilise des fûts de chêne ainsi que de très bons vins, déterminant ainsi la qualité du vinaigre obtenu.
Le vin est d'abord versé dans un tonneau et on lui ajoute alors un dixième de vinaigre. On recommence cette opération avec plusieurs autres crus avant de les mélanger tous ensemble. Ensuite, on verse les mélanges dans des fûts de chêne qui contiennent du vinaigre ancien. Les fûts sont remplis à moitié et placés dans une pièce dont la température est comprise entre vingt cinq et trente degrés ; cette température étant idéale pour optimiser l'action des acétobacters. Afin de permettre l'acétisation, il faut que l'air circule, c'est pourquoi les fûts contenant le vinaigre en fabrication sont percés de trous d'aération en façade. Il faut

ensuite patienter trois semaines afin d'obtenir le résultat attendu, c'est-à-dire une fermentation acétique. Un tiers du vinaigre est alors ôté du fût pour être mis à vieillir dans d'autres fûts durant six mois. Le tiers retiré est remplacé par un nouveau mélange de crus, et ainsi de suite. Au bout de six mois de vieillissement en fûts de chêne, le vinaigre est prêt à être mis en bouteilles.

Aujourd'hui, seule la société Martin Pouret, fondée en 1797, continue à produire un vinaigre élaboré selon la méthode traditionnelle dite « méthode d'Orléans » (à partir de vins de Loire ou du Sud-Ouest). Ce vinaigre est vieilli à l'abri de la lumière dans des barriques de deux cent quarante litres, à une température de vingt huit degrés. Durant trois semaines, la bactérie produit cinquante litres de vinaigre sous la surface, qui sont alors soutirés et remplacés par la même quantité de vin. Ce producteur serait le premier à avoir eu l'idée de parfumer le vinaigre avec des herbes et aromates, comme l'estragon.

Les méthodes industrielles

Louis Pasteur

C'est Louis Pasteur qui, en 1864, a défini la formule de la fermentation acétique qui produit le vinaigre. Pasteur a montré que la « mère de vinaigre », autrement appelée « mycoderme », était constituée de la bactérie Mycoderma aceti, responsable du phénomène d'acétification, et que cette bactérie se développait très vite. Déposée en quantité infinitésimale sur une surface de un mètre carré, elle constitue un biofilm (voile microbien continu de un demi-gramme par mètre carré à l'état sec) en vingt-quatre heures, à une température constante de vingt degrés.
On a estimé qu'une seule bactérie pouvait ainsi acétifier en quarante-huit heures dix mille fois son propre poids d'alcool ou de vin, à condition de disposer d'une grande quantité d'oxygène.

La mise en culture rationalisée de cette bactérie a permis d'accélérer la fermentation naturelle : le processus qui nécessitait autrefois au moins trois semaines a été optimisé par l'industrie. Le vinaigrier industriel peut maintenant produire d'énormes quantités de vinaigre en moins de vingt-quatre heures.

Après Pasteur, d'autres chercheurs tels que Hansen, E. Duclaux ou Henneberg ont montré qu'il existait de très nombreuses bactéries acétifiantes produisant des « mères de vinaigre » de qualités différentes (voiles muqueux, secs, striés, lisses...).

La fabrication industrielle est bien évidemment plus rapide que la fabrication traditionnelle, qui nécessite six mois au moins de fermentation, mais elle est également moins riche en saveurs, en goûts et en qualités nutritives.

La méthode dite « allemande »

La méthode dite « allemande » permet d'obtenir du vinaigre en vingt-quatre heures, mais uniquement du vinaigre d'alcool. Sa qualité ne permet pas de l'utiliser pour la cuisine, mais uniquement pour un usage ménager. Le procédé de fabrication de ce vinaigre est très économique puisque la matière première peut être constituée de quatre-vingt-dix pour cent d'eau.
Le vinaigrier arrose d'un mélange d'alcool et de quelques millièmes d'acide acétique des copeaux de hêtre placés dans un tonneau. Ce mélange s'écoule vers le bas alors qu'on a fait circuler un courant d'air dans le tonneau de bas en haut. Le vinaigre se forme et est récupéré dans le bas du tonneau. L'ensemencement des copeaux était assuré par une mouche spécifique, la mouche du vinaigre ou drosophile.

La méthode en quatre jours

Il existe une autre méthode industrielle, moins rapide, mais de qualité équivalente de celle de la méthode dite « allemande ». Pour fabriquer le vinaigre, le liquide alcoolisé est brassé de façon continue pendant que de l'air y est insufflé. Au bout de quatre à cinq jours, le vinaigre est pasteurisé et distillé. Le vinaigre ainsi obtenu ne possède pas de mycoderme et produit un condiment peu riche en goût.

La fabrication du vinaigre « maison »

A première vue, la réalisation de votre vinaigre peut vous paraître très compliquée, mais vous verrez très vite que ce n'est absolument pas le cas. Aussi, ne vous découragez pas !

De quoi le vinaigre est-il constitué ?

Le vinaigre provient d'une **double fermentation** : la fermentation alcoolique et la fermentation acétique. On parle de fermentation alcoolique dès lors que les sucres se transforment en alcool. En revanche, la fermentation acétique correspond au moment où l'alcool se transforme par l'action de l'oxygène et d'une bactérie nommée acétobacter.

La **bactérie acétobacter** se compose de deux familles différentes : l'Acetobacter pasteurianus et l'Acetobacter aceti ; l'une et/ou l'autre étant impliquées dans la composition du mycoderme. Ces bactéries sont présentes dans l'air, les fruits et le vin, par exemple, et elles fixent l'oxygène de l'air sur l'alcool pour le transformer en acide.
Cette fermentation acétique se traduit par l'apparition, en surface du produit fermenté, d'un voile de couleur blanche : le mycoderme, qui en s'enfonçant dans le liquide se transforme en la substance que l'on appelle la « mère du vinaigre ». Celle-ci est composée de micro-organismes de l'espèce Acetobacter xylinium.

Le matériel nécessaire

Pour réaliser son propre vinaigre, il faut un minimum de matériel.

Le vinaigrier

En premier lieu, il est nécessaire de posséder un vinaigrier, qui pourra être en bois, en verre, en grès ou en acier inoxydable. Le vinaigrier est muni d'un couvercle sur sa face postérieure, ce qui favorise l'apport d'oxygène tout en permettant d'ajouter du liquide au fur et à mesure de la fabrication du vinaigre. Sur la partie inférieure du vinaigrier se trouve un robinet permettant de récupérer le vinaigre au fur et à mesure de sa fabrication, cela sans faire effraction dans le mycoderme, la couche de bactérie nécessaire à l'acétification.

Quelques précautions sont nécessaires avant la première utilisation d'un vinaigrier, et celles-ci varient selon le type de vinaigrier. Si celui-ci est en bois, il faut impérativement le passer à l'eau bouillante pour faire gonfler le bois, le vider, le laisser sécher et le remplir de vinaigre chaud. Une fois cette opération accomplie, il faut laisser reposer le vinaigre contenu dans le vinaigrier pendant une semaine en remuant chaque jour, afin d'imbiber le bois de liquide. Vider ensuite le vinaigre : le vinaigrier est prêt à être utilisé.

Pour les vinaigriers constitués d'autres matériaux, il suffit de nettoyer soigneusement l'intérieur avec un produit ménager non toxique, avant de rincer. On peut par exemple utiliser un chiffon imbibé de vinaigre d'alcool pour nettoyer le vinaigrier, ce produit ménager étant propre à la consommation.

Du vinaigre sans vinaigrier ?

Oui, c'est possible ! Pour fabriquer du vinaigre, il faut que l'alcool ou le vin en acétification soit à l'abri de la lumière, dans un récipient protégé de trop d'air, mais pas d'oxygène. En effet, celui-ci est indispensable à la fermentation acétique !

Il faut également prévoir un robinet afin de pouvoir tirer le vinaigre sans endommager le mycoderme. Il vous suffit donc de fabriquer une sorte de vinaigrier qui n'en serait pas un avec une bouteille en plastique opaque ou un vieux tonneau.

Dans un cas comme dans l'autre, il faut percer de petits trous afin de faire circuler l'air. Quant au tirage du vinaigre, une simple ouverture percée dans le récipient et munie d'un système de fermeture comme un bouchon en liège suffira à tirer le vinaigre en toute sécurité pour le mycoderme.

Si vous avez des doutes sur votre capacité à réaliser votre propre vinaigre, je ne peux que vous inviter à commencer par une production « artisanale » ne nécessitant pas de vinaigrier. Vous verrez très vite que ce n'est pas compliqué de faire son propre vinaigre, et vous souhaiterez alors peut-être vous équiper.

La spatule en bois

Pour manipuler le mycoderme, il est indispensable d'utiliser une spatule en bois.

L'entonnoir

Enfin, l'entonnoir est un ustensile non négligeable qui permet de verser le liquide (vin) dans le vinaigrier. L'idéal est de choisir un entonnoir en plastique, ce matériau ne sera pas altéré par le vinaigre.

La matière première

Evidemment, le choix de l'ingrédient premier, à savoir le vin, est primordial. L'obtention d'un bon vinaigre ne peut se faire sans un bon produit de départ. Ainsi les qualités gustatives du vin se retrouvent-elles dans le vinaigre. Un vin amer donnera un vinaigre amer, un vin liquoreux, un vinaigre liquoreux, etc. Il faut déterminer au départ le goût que vous souhaitez donner à votre vinaigre et ce à quoi vous le destinez (assaisonnement, pâtisserie, usage ménager...).

Pour produire du vinaigre, le degré alcoolique de la matière première ne doit pas être trop élevé. Celui-ci ne doit en effet pas dépasser douze degrés, sinon cela ralentit l'action des bactéries nécessaires à la fermentation acétique. Pour abaisser le degré d'alcool de la matière première utilisée à la fabrication du vinaigre, il faut y ajouter de l'eau. Voici un tableau décrivant les proportions d'eau à ajouter en fonction du degré d'alcool recherché, l'idéal étant d'obtenir un degré d'alcool de huit degrés.

Degré d'alcool par litre	10°	12°	14°
Quantité d'eau à ajouter	20 cl	33 cl	70 cl
Degré d'alcool final	8,3°	9°	8,2°

A l'inverse, si le degré d'alcool de la matière première n'est pas assez élevé, il faut ajouter de l'alcool pur. Cette opération se fait sans risque lorsque le produit à transformer en vinaigre est du vin, mais cela devient plus compliqué lorsqu'il s'agit de cidre. Il faut alors prélever dix pour cent de cidre et le remplacer par dix pour cent d'alcool à quarante-cinq degrés.

Quel vin choisir ?

Attention à utiliser toujours des vins secs, non des vins doux ! En effet, un vinaigre obtenu à partir de ces derniers sera amer et aura un goût très désagréable du fait que les bactéries de la fermentation acétique détériorent leurs sucres.

Le pH, enfin, joue un rôle essentiel dans le résultat final. Pour que le vinaigre réalisé soit bon, ce pH doit être compris entre trois et demi et cinq.

Savoir-faire

La préparation du mycoderme

Le mycoderme est une sorte de levure qui apparaît sous la forme d'un voile à la surface des liquides fermentés ou sucrés. On l'appelle aussi mère de vinaigre. Fabriqué à partir de vin et de vinaigre, il peut ensuite, une fois développé, servir à acétifier d'autres matières premières, cidre, bière, etc.

Le mycoderme peut être confondu avec la masse rougeâtre et gélatineuse qui se forme du fait de l'accumulation des bactéries mortes en décomposition. Cette masse est le résultat du manque d'oxygène des acétobacters, ce qui engendre leur mort. C'est afin de ne pas mélanger ces deux composants de la fabrication du vinaigre qu'il faut utiliser une **cuillère en bois pour manipuler le mycoderme**. De même, pour ne pas endommager ce voile mycodermique, l'ajout de vin frais dans le vinaigrier doit se faire doucement, et si possible le long des parois, ce qui évitera que le mycoderme ne soit percé.
Le mycoderme comme le levain se fabrique. Il est possible de s'en procurer auprès de quelqu'un qui fabrique déjà son propre vinaigre, ou bien il faut le créer. Dans ce dernier cas, il faut remplir un récipient

d'un tiers de vinaigre et de deux tiers du vin choisi pour réaliser par la suite le vinaigre. Le récipient empli du mélange doit ensuite être placé dans un endroit aéré dont la température ambiante avoisine les vingt degrés. Le mycoderme commence à se former au bout d'une quinzaine de jours.

Dans un premier temps, la surface du liquide se couvre de petits points brillants qui en se rejoignant formeront le voile opaque qui sera le mycoderme permettant la réalisation du vinaigre. Si, au bout de trois semaines, aucun signe de constitution d'un film mycodermique n'apparaît, cela signifie que l'opération est à recommencer. Il ne faut pas vous décourager, cela peut prendre du temps, mais lorsque au final vous obtiendrez votre propre vinaigre vos efforts seront récompensés.

Une fois le mycoderme obtenu, il faut verser celui-ci dans le vinaigrier rempli au préalable de la matière première à transformer. Cette opération est assez délicate, car il faut déplacer le mycoderme, sans l'endommager. On le manipule alors avec une cuillère en bois et on le dépose délicatement à la surface du liquide. Au départ, le mycoderme ne recouvrira pas toute la surface de liquide, ce qui est tout à fait normal ; celui-ci va s'étendre et se développer en quelques jours. Lorsque le mycoderme sera plus développé, vous pourrez multiplier les vinaigriers et les vinaigres réalisés. Sinon pourquoi n'envisageriez-vous pas de convaincre vos amis de se lancer dans l'aventure vinaigrière en leur offrant une partie de votre mycoderme ?

Précautions

Attention à ne pas trop déplacer le vinaigrier, car cette opération pourrait avoir pour conséquence de percer le mycoderme et de le faire couler au fond du vinaigrier ! Les acétobacters transformeraient alors le liquide en vinaigre, et il faudrait recommencer toutes les opérations de réalisation du mycoderme depuis le début.

La transformation de la matière première en vinaigre à partir du moment où le mycoderme y a été déposé prend une vingtaine de jours. Mais cela dépend d'un certain nombre de facteurs comme la qualité du mycoderme, la quantité d'alcool à transformer ou bien encore la température de la pièce dans laquelle le vinaigrier est entreposé.

Pour contrôler l'acétification du vinaigre, il faut le goûter régulièrement ou investir dans un appareil destiné à cet usage : un acétimètre.

A partir d'un degré d'acétification de six degrés, le vinaigre devrait avoir

un goût légèrement piquant. Une fois la préparation arrivée au bon degré d'acétification, il n'y a plus qu'à « tirer » le vinaigre.
Il faut veiller à conserver toujours une partie du liquide dans le vinaigrier, c'est précisément cela que l'on appelle la mère du vinaigre. Comme pour le levain, c'est la mère du vinaigre qui permettra de reproduire toujours du vinaigre, sans avoir à constituer à nouveau un mycoderme.
Ainsi, on veillera toujours à ne tirer qu'un tiers du vinaigre contenu dans le vinaigrier et à le remplacer par le même volume de matière première. Une fois que le processus d'acétification est enclenché, il est nécessaire de l'entretenir en tirant régulièrement du vinaigre et en alimentant tout aussi régulièrement le vinaigrier.
Evidemment, il ne faut pas remplir d'un tiers de vin blanc un vinaigrier rempli au deux tiers de vin rouge.
Toutefois, le vinaigre tiré n'est pour autant pas encore propre à la consommation, au risque de déguster en plus de votre salade un certain nombre de petites bêtes pas très agréables en bouche.

Le filtrage du vinaigre

Une fois le vinaigre tiré, on le laisse reposer une semaine environ afin de faire descendre les éventuels dépôts. On le filtre ensuite à l'aide par exemple d'un filtre à café en papier ou bien, pour les plus expérimentés, à l'aide d'un filtre spécial prévu à cet effet que l'on trouve facilement chez les droguistes. Certains utilisent un filtre rempli de copeaux de bois de hêtre imbibé de vinaigre.

La mise en bouteilles

Une fois le filtrage exécuté, il ne reste plus qu'à placer le vinaigre en bouteilles. Attention à prendre des bouteilles qui puissent être fermées hermétiquement avec des bouchons en liège, seuls types de bouchons aptes à la fois à préserver le vinaigre des visites des indésirables (insectes, par exemple) et à laisser respirer le produit enfermé ! Les bouteilles remplies de vinaigre doivent être entreposées dans un endroit aéré et tempéré. Pour ceux qui ont la chance de posséder une cave à vin, attention, le vinaigre et le vin ne doivent pas être stockés dans la même pièce car, les micro-organismes présents dans le vin étant différents de ceux présents dans le vinaigre, ils pourraient se perturber les uns les autres et gâter à la fois le vinaigre et le vin.

Les problèmes courants

Si le mycoderme coule dans votre vinaigrier, la préparation est entièrement à jeter et il vous faudra reprendre toutes les étapes depuis le début. Si vous avez oublié de tirer votre vinaigre, les acétobacters n'ont alors plus d'alcool pour se reproduire et attaquent l'acide acétique, finissant ainsi par le détruire. Dès que l'oubli du tirage et du remplissage du vinaigrier est constaté, il faut donc y remédier le plus tôt possible. Sinon toutes les étapes de fabrication du mycoderme et d'acétification seront à recommencer.

Dans la mesure où la chaleur fait tourner le vinaigre, il ne faut pas entreposer votre vinaigrier dans une pièce à plus de vingt degrés. Si votre vinaigrier a été entreposé dans un endroit trop chaud, il ne vous reste aucune solution de rattrapage. Vous n'avez plus qu'à vider le vinaigrier et à recommencer toutes les étapes.
Si des insectes envahissent le vinaigrier, il faut imbiber un coton d'alcool à brûler, l'allumer et appliquer cette torche sur toutes les ouvertures du vinaigrier. Les émanations d'alcool tueront les insectes et il suffira simplement de veiller à filtrer correctement le vinaigre une fois celui-ci tiré.

Le vinaigre à quoi ça sert ?

Trucs et astuces vinaigrés

En cuisine

▸Conservateur

La première vertu culinaire du vinaigre est une vertu conservatrice. Depuis l'Antiquité, il est utilisé pour conserver les aliments, au même titre que la salaison ou la graisse, les côtés néfastes de ces deux opérations en moins.

▸Antiparasite

Mélangé à l'eau de lavage des légumes, le vinaigre permet de les débarrasser des parasites et autres microbes en toute sécurité alimentaire ; on peut de la même manière traiter les abats et le gibier.

▸Conserver la couleur des légumes

Pour conserver la chlorophylle des légumes cuits à l'eau, il suffit d'ajouter une cuillerée de vinaigre, ce dernier permettant aussi d'empêcher la décoloration de certains légumes s'ils sont lavés à l'eau vinaigrée – c'est le cas par exemple du chou rouge. Vous pourrez ainsi profiter d'assiettes colorées tout au long de l'année et au fil des saisons.

▸Contre l'oxydation des fruits et légumes

Toujours en matière de végétaux, saviez-vous que certains d'entre eux ont comme fâcheuse tendance de noircir au contact de l'air, le céleri-rave, les pommes ou les salsifis, par exemple ? La meilleure solution pour résoudre ce problème plus esthétique que gustatif est de plonger les produits au fur et à mesure de leur épluchage dans de l'eau vinaigrée. Ainsi réservés à l'abri de l'air et protégés par le vinaigre, vos légumes conserveront toute leur pureté.

▸En marinade

Enfin, pour attendrir la viande, un court trempage dans de l'eau vinaigrée vous assurera des préparations tendres à cœur. C'est tout simplement le principe de la marinade. Ainsi, l'eau peut être remplacée par de l'huile, de la sauce de soja, on peut y ajouter des herbes, des aromates, etc. Les viandes et poissons sont alors tendres et parfumés. Vos enfants ne pourront plus faire la grimace devant des morceaux prétendument trop secs.

▸En décoration

Pour les cuisinières passionnées, voici le truc des grands chefs pour décorer les assiettes comme au restaurant. Une fois réduit de moitié sur feu doux, le vinaigre balsamique prend une consistance épaisse qui par le biais d'une pipette permet de réaliser les décorations des assiettes, différenciant ainsi le plat basique du plat gastronomique.

Pour toute la maison

En matière ménagère, le vinaigre le plus utilisé reste et demeure le vinaigre d'alcool, très régulièrement nommé « vinaigre ménager » ou « vinaigre cristal ».

Le vinaigre d'alcool compte de nombreuses vertus qui sauront vous le faire adorer : désodorisant idéal, désinfectant, insecticide, fixateur de couleur et nettoyant multi-usage hors pair. Je vous l'avais bien dit, que vous l'aimeriez… !

▸Désodorisant

- Le premier usage désodorisant du vinaigre reste sans doute celui destiné aux **réfrigérateurs**. En effet, il suffit que vous placiez au bas de ceux-ci un petit bol rempli d'eau vinaigrée pour dire adieu aux odeurs de fromage. Pour les problèmes plus délicats, placez un bol de vinaigre bouillant dans le réfrigérateur ou dans le congélateur après votre dégivrage hebdomadaire, fermez et laissez reposer trois heures.
- Les **boîtes en plastique** si pratiques lorsque vous emportez vos repas au travail ont la mauvaise habitude de garder les odeurs fortes des aliments qu'elles transportent. Mais un morceau de mie de pain imbibé de vinaigre enfermé dans la boîte une nuit résoudra tous vos problèmes, et vos repas ne garderont pas la saveur des précédents. Alors, n'hésitez plus à faire une soupe à l'oignon pour votre déjeuner…
- De même, les odeurs de **peinture** disparaîtront en une nuit grâce à un bol rempli de mie de pain imbibée de vinaigre et placé au centre de la pièce.

- Après une soirée conviviale demeurent souvent de mauvaises odeurs de **cigarette** sur les vêtements et les rideaux. Pour remédier à cela, rien de plus simple qu'un bol d'eau bouillante vinaigrée placé sous le tissu malodorant. Par l'action de la vapeur, vos textiles seront débarrassés des odeurs désagréables.
- Enfin, pour dire adieu aux odeurs de **canalisations**, rien de tel qu'un verre de vinaigre versé dans l'évier.

Le vinaigre, un puissant désinfectant

Saviez-vous que le vinaigre est un désinfectant très puissant. Il est ainsi particulièrement utile pour les surfaces destinées à recevoir des aliments. En effet, les produits ménagers sont souvent toxiques, et il est plus que recommandé de ne pas les utiliser pour nettoyer les surfaces alimentaires. Or, s'il est un endroit qui ne peut pas souffrir d'un manque d'hygiène, c'est bien la cuisine.
Aussi, pour y assurer une bonne hygiène de vos plans de travail, un peu de vinaigre après un nettoyage à l'eau sera suffisant et sans risque alimentaire lié à des produits toxiques.

Désinfectant

- On peut faire de même pour nettoyer les **planches à découper** en bois, très agréables d'utilisation, mais qui ont la fâcheuse tendance de capter les microbes et de les laisser se développer. D'ailleurs, savez-vous que les cuisiniers professionnels sont tenus d'avoir une planche réservée pour chaque type d'aliment. Une pour la viande, une pour le poisson et une pour les légumes ?
- Vous devez le savoir, il est fondamental de dégivrer régulièrement son **réfrigérateur**, pour des raisons écologiques et économiques, certes, mais aussi pour des raisons d'efficacité de refroidissement, ce qui vous évitera quelques désagréments... Pour parfaire le nettoyage de votre réfrigérateur et en assurer la désinfection, passez une éponge humide trempée dans une eau tiède et vinaigrée. Il ne vous reste plus qu'à remplir votre réfrigérateur en toute tranquillité. Le petit truc pratique : dégivrez votre réfrigérateur avant de faire vos courses, lorsqu'il est presque vide. Ainsi, pas de perte, et ce sera un vrai plaisir de le remplir une fois nettoyé !

- L'utilisation du vinaigre se montrera également très efficace pour éliminer les trace de moisissures sur les **joints de vos carrelages** dans la salle de bains et dans la cuisine. Méfiez-vous, car ces moisissures, en plus d'être inesthétiques, se révèlent de surcroît très nocives pour la santé. Elles sont un des polluants domestiques les plus négligés mais pourtant les plus traîtres.
- Dans un autre domaine qui a également toute son importance en matière de propreté, les **poignées de portes** sont le véhicule adéquat pour toutes sortes de germes. Pour les désinfecter, rien de mieux qu'un chiffon imbibé d'eau vinaigrée.

Contre les insectes

Les insectes et autres nuisibles n'appréciant pas le vinaigre, et particulièrement son odeur, il se trouve donc être un insecticide très intéressant, à la fois efficace et écologique. Les mères de jeunes enfants l'apprécieront fortement, puisque son utilisation comme insecticide est dénuée de risque pour les bébés, qui ont la fâcheuse habitude de tout porter à la bouche...

- Afin de vous prémunir de toutes les attaques nocturnes d'**insectes rampants**, passez un peu d'eau vinaigrée sur les pieds de votre lit. Vos nuits seront ainsi plus paisibles.
- Pour **protéger vos fruits** des invasions de **moucherons** et autres insectes, enfermez-les dans un espace clos avec un bol d'eau vinaigrée. Cela évitera qu'ils ne se gâtent par l'action des insectes, et vous pourrez ainsi profiter de leurs bienfaits et de leur fraîcheur plus longtemps.

Nettoyant multi-usage

Une des raisons essentielles qui ont vu le retour du vinaigre sur les étagères des ménagères est sa capacité nettoyante. En effet, le vinaigre d'alcool se trouve être un nettoyant multi-usage étonnant, à la fois économique et écologique ; vous ne pourrez pas trouver mieux.

- N'ayez plus peur des pique-niques sur la prairie, le vinaigre élimine les **traces d'herbes** sur les vêtements. Pour ce faire, faites fondre un peu de savon de Marseille dans une tasse de vinaigre chaud et frottez la tache avec ce mélange à l'aide d'un chiffon. Lavez ensuite normalement.
- Un peu d'eau vinaigrée nettoiera aussi très bien une **tache de boue** une fois séchée.
- Avec un peu de vinaigre, fini les taches jaunes de **transpiration** sous

les bras de chemise, qui sont notre cauchemar ! Un chiffon imbibé d'eau vinaigrée tamponné directement sur les traces de sueur résoudra ces désagréments, et le détachage ne sera plus une épreuve de force ! Un chiffon imbibé de vinaigre permet de même de retirer les chewing-gums collés sur les textiles.

- Les taches d'urine des animaux domestiques disparaissent grâce à l'application d'un tampon de vinaigre. De plus, les odeurs désagréables liées à ces taches disparaissent aussi grâce au vinaigre, ce qui est un atout majeur !
- Pour chasser la graisse de votre four et retarder sa réapparition, il vous faut le nettoyer à froid avec un mélange constitué d'une cuillerée à soupe de vinaigre par litre d'eau.
- Ne désespérez pas des fonds de vos casseroles brûlés, qui peuvent être nettoyés. Mélangez du gros sel et du vinaigre, portez à ébullition durant une heure. Au bout de cette heure, jetez le liquide et rincez la casserole. Les fonds de vos casseroles seront ainsi débarrassés des aliments calcinés.

Anticalcaire

- Grâce à ses vertus anticalcaires, le vinaigre a toute sa place comme nettoyant de salle de bains. Une eau vinaigrée passée au chiffon sur les parois de votre douche les rendra brillantes. De quoi donner envie de prendre une petite douche chaude, non ?
- Vos services en verre et en cristal retrouvent leur éclat une fois trempés dans du vinaigre chaud. De même, votre argenterie nettoyée avec de l'eau vinaigrée retrouvera tout son brillant. Vous n'aurez plus aucune excuse pour ne pas la sortir lors des grandes occasions.
- Le vinaigre chaud ôte toutes les traces de calcaire sur les robinetteries, toilettes, etc. Versez un verre de vinaigre dans une canalisation bouchée, laissez agir quinze minutes et faites couler l'eau à nouveau. Ce qui obstruait la canalisation devrait avoir disparu.
- Pour prévenir plutôt que guérir, ajoutez une cuillerée à soupe de vinaigre dans votre lave-linge. Cela protégera à la fois votre linge du calcaire ainsi que les canalisations de votre appareil électroménager. Plus besoin d'ajouter de l'adoucissant à vos lessives ni d'anticalcaire. Votre linge sera naturellement plus doux, pour le bonheur de toute la famille.
- Pour détartrer une bouilloire, versez deux verres de vinaigre d'alcool et remplissez le reste de la bouilloire avec de l'eau. Portez à ébullition, laissez agir quarante-cinq minutes et rincez. Vous pouvez à nouveau déguster votre thé sans trace de calcaire en surface de votre boisson.

Pour le jardin

Celles et ceux qui ont la chance d'avoir un jardin ou même un bout de balcon vont apprécier la nouvelle. Le vinaigre peut aussi vous servir au jardin, et de manière aussi inattendue qu'efficace.

- Le vinaigre est un très bon désherbant, appliquez-en non dilué sur les mauvaises herbes, et celles-ci disparaîtront rapidement.
- Grâce à ses vertus anticalcaires, le vinaigre vous servira au nettoyage des traces de calcaire sur les pots de fleurs.
- Insecticide à la maison, mais aussi au jardin, le vinaigre est un anti-fourmi très efficace. Placez quelques gouttes de vinaigre sur le chemin des fourmis et elles choisiront un autre terrain de jeu de façon définitive.
- Madame, profitez donc des fleurs trop rarement offertes en les conservant plus longtemps. Saviez-vous que deux cuillerées à café de vinaigre et une de sucre pour deux cent cinquante millilitres d'eau permettent aux fleurs coupées de conserver leur éclat et leur vivacité plus longtemps ?
- Versé sur de la terre, le vinaigre en fera sortir les vers de terre.

Pour le corps

Alors que nous dépensons des fortunes en produits de beauté, le vinaigre se substitue à la plupart d'entre eux. Efficace et peu coûteux, il est un produit de beauté à remettre au goût du jour. Déjà au cours des siècles passés, le vinaigre était utilisé comme produit de toilette non seulement pour ses vertus cosmétiques, mais aussi pour son parfum (non, vous ne rêvez pas !) ; en effet, selon son type, le vinaigre peut se révéler très agréable pour l'odorat. Les jeunes élégantes se tamponnaient donc les pommettes de vinaigre rosat. Depuis, le vinaigre est surtout connu pour son utilisation antipoux très efficace, ainsi que pour le brillant qu'il apporte aux cheveux par son action anticalcaire.

- Le vinaigre peut devenir une **eau de toilette** idéale pour toutes sortes de soins de la peau. La fabrication du vinaigre de toilette est très simple. Il suffit de mélanger quelques gouttes d'extrait d'huiles essentielles dans un vinaigre d'alcool non coloré. Et reconnaissez qu'il est agréable de pouvoir se dire : « Mon produit de beauté, c'est moi qui l'ai fait. »
- Saviez-vous que le vinaigre est aussi un produit idéal pour lutter contre beaucoup de désagréments de beauté tels que la **peau grasse ou la peau sèche** ? Son action dépendant des produits avec lesquels il est

combiné. Le vinaigre permet de résoudre les problèmes de peau grasse par une action de resserrement des pores de la peau. Il faut alors l'utiliser après la toilette du visage.
- Rincés avec de l'eau froide vinaigrée, les **cheveux** retrouvent tout leur éclat. Leurs écailles sont resserrées par l'eau froide. De plus, le calcaire et les traces résiduelles de shampooing sont éliminés par le vinaigre.
- Après une longue journée de travail, rien de mieux qu'un **bain de pieds** pour profiter un peu de sa soirée en toute quiétude. Les pieds plongés dans une bassine d'eau additionnée de vinaigre de cidre seront soulagés en vingt minutes. Un bain de pieds dans une eau vinaigrée et salée au gros sel diminue les problèmes de transpiration excessive des pieds. Ce soin est donc idéal en été.
- Pour **fortifier les ongles** de vos mains, passez un coton imbibé de vinaigre sur ceux-ci, cela évitera qu'ils ne jaunissent. Il ne vous reste plus qu'à passer à l'étape du vernis, à moins que vous n'ayez un enfant à occuper pour cela !
- Un verre d'eau mélangée à une cuillerée à soupe de vinaigre de cidre et une de miel que l'on verse sur la tête ralentit la **chute des cheveux**. Ce soin est donc particulièrement indiqué en période de stress, puisque c'est à ce moment-là que nous avons tendance à perdre nos cheveux. Autre moment crucial dans la vie d'une femme, la naissance de l'enfant. A cette période, la baisse hormonale engendre souvent une chute de cheveux, et un peu de cocooning est toujours appréciable. N'hésitez donc pas à faire participer le papa à vos soins corporels et capillaires pour retrouver toute votre sérénité.

La cosmétique " maison " au frigo !

Attention, tous les produits de soin pour le corps préparés par vos soins sont certes très bons et naturels, mais ils réclament une conservation particulière, puisqu'ils sont dépourvus de produits conservateurs. Il est donc recommandé de n'utiliser que des produits d'une grande qualité et de conserver les mélanges préparés au frais, à l'abri de la chaleur, de l'air, de l'humidité et de la lumière.

Recettes pour la santé et le corps

Vinaigre de violette

60 g de pétales de violettes

50 cl de vinaigre d'alcool non coloré

- Faire sécher les pétales de violettes pendant 2 jours. Placer les pétales dans un bocal en verre hermétique et verser dessus le vinaigre d'alcool.
- Fermer et laisser macérer 1 mois à température ambiante en remuant régulièrement.
- Filtrer et mettre en bouteille.

Vinaigre rosat

50 g de pétales de roses non traitées

80 cl de vinaigre d'alcool non coloré

- Faire sécher les pétales de roses pendant 3 jours. Placer les pétales séchés dans un bocal en verre hermétique et les couvrir de vinaigre d'alcool. Laisser macérer dans une pièce chaude en remuant régulièrement.
- Filtrer et verser dans une bouteille en verre hermétique et adaptée à la toilette.

Utiliser de préférence des roses de Provins pour réaliser ce vinaigre de toilette.

Eau de toilette au vinaigre et à la lavande

50 cl de vinaigre d'alcool

60 g de fleurs de lavande

- Faire sécher les fleurs de lavande trois jours complets avant de les utiliser. Placer les fleurs de lavande dans un grand récipient qui puisse être fermé et verser dessus le vinaigre d'alcool.
- Laisser macérer deux semaines en remuant régulièrement.

Filtrer et conserver dans une bouteille.

Vinaigre des 4 voleurs

1 l de vinaigre de cidre
Le jus de 1/2 citron
20 g de lavande
20 g de menthe
20 g de romarin
20 g de sauge
3 gousses d'ail
3 g de cannelle
3 g de clous de girofle*
3 g de noix de muscade

- Mélanger tous les ingrédients et laisser macérer 2 semaines. Filtrer et mettre en bouteille.

Consommé quotidiennement à titre préventif, à raison de 1 cuillerée à café diluée dans un verre d'eau, ce vinaigre protège de certaines épidémies. De plus, ce vinaigre, avec lequel vous vous serez frictionné le corps quotidiennement, vous protégera particulièrement si vous êtes amené à fréquenter des personnes malades.

Vinaigre aux fleurs de bleuet

50 g de fleurs de bleuet
25 cl d'eau minérale
1 cuillerée à soupe de vinaigre de vin rouge

- Laisser sécher les fleurs de bleuet à l'air libre pendant une journée. Porter l'eau à ébullition. Y ajouter les fleurs de bleuet séchées et le vinaigre. Laisser infuser durant 10 minutes. Filtrer et verser dans une bouteille.

Appliqué sur les yeux avec des tampons de coton imbibés, ce vinaigre permet de lutter contre les petites irritations oculaires et les yeux fatigués.

Vinaigre d'aubépine

50 g de fleurs d'aubépine

1 l de vinaigre de cidre

- Laisser sécher les fleurs d'aubépine à l'air libre durant une journée. Placer les fleurs séchées dans un bocal et y verser le vinaigre de cidre. Laisser macérer 3 semaines près d'une source de chaleur en remuant régulièrement. Filtrer et verser dans une bouteille.

Consommez une cuillerée à café de ce vinaigre dilué dans un grand verre d'eau avant le repas de midi pour lutter contre les problèmes de circulation.

Crème hydratante au vinaigre de cidre

3 cuillerées à soupe d'huile d'olive

3 cuillerées à soupe d'huile de germe de blé

3 cuillerées à soupe d'huile de noix

4 jaunes d'œufs

3 cuillerées à soupe de vinaigre de cidre

- Mélanger les huiles et ajouter les jaunes d'œufs battus. Emulsionner le tout en incorporant le vinaigre de cidre.

Placer dans un pot qui se referme et protège la crème de la lumière.
Ce produit de beauté doit être conservé au réfrigérateur.

Masque antirougeurs pour les peaux sensibles

1 cuillerée à soupe de vinaigre de cidre

4 cuillerées à soupe de farine de riz

- Mélanger le vinaigre et 3 cuillerées à soupe d'eau. Ajouter la farine afin de former une pâte qui tienne une fois posée sur la peau.

Utiliser en masque aussitôt. Laisser sécher et rincer à l'eau claire.

Remède contre les taches cutanées

- Pour retirer les taches dues au soleil, tremper une rondelle d'oignon dans du vinaigre de cidre et appliquer en frottant sur les taches. Celles-ci seront ainsi atténuées.

Tonique pour le corps

4 feuilles de menthe

10 cl d'alcool à 90°

100 g de fleurs de lavande séchées

1 l de vinaigre de vin blanc

- Pendant 24 heures, faire macérer les feuilles de menthe dans l'alcool. Placer les fleurs de lavande dans un bocal et y verser le vinaigre de vin blanc. Ajouter le mélange de menthe et d'alcool. Laisser macérer durant 2 à 3 jours. Filtrer et conserver en bouteille.

Utilisée en friction sur le corps à raison d'une fois par semaine, cette lotion assure la fermeté et la tonicité de la peau.

Masque de miel et de romarin

2 branches de romarin

1 cuillerée à soupe de vinaigre de cidre

2 cuillerées à soupe de miel toutes fleurs

- Effeuiller les branches de romarin et écraser les feuilles au mortier. Dans un bol, placer les feuilles hachées avec le vinaigre de cidre. Laisser macérer 1 heure, puis ajouter le miel.

Appliquer sur une peau propre et laisser agir pendant 15 minutes. Rincer à l'eau claire.

Infusion vinaigrée aux orties

30 cl d'eau minérale

1 poignée de feuilles d'ortie

1 cuillerée à soupe de vinaigre de cidre

- Porter l'eau à ébullition avec les feuilles d'ortie.

Laisser infuser 10 minutes. Filtrer et ajouter le vinaigre de cidre.

Appliquée en compresses, cette infusion aide à soulager les poussées d'eczéma.

Déodorant et antitranspirant naturel au vinaigre

12 feuilles de sauge

70 cl de vinaigre d'alcool non coloré

- Porter 25 cl d'eau à ébullition et y faire infuser les feuilles de sauge. Réserver 10 minutes. Filtrer et réserver.
- Ajouter le vinaigre et porter à nouveau à ébullition. Verser la préparation dans un bocal et fermer hermétiquement.
Laisser macérer 2 semaines.

Appliqué à l'aide d'un coton imbibé chaque matin ce déodorant antitranspirant assure une hygiène naturelle à toute épreuve. Pour une senteur plus parfumée, utilisez un vinaigre parfumé aux fleurs.

Cataplasme au vinaigre de cidre

25 cl de vinaigre de cidre

1 botte de persil plat

- Placer le vinaigre de cidre et le persil dans une casserole. Porter à ébullition et laisser cuire quelques minutes. Egoutter le persil.
- Placer le persil dans un linge fin et l'appliquer en cataplasme chaud.

Ce cataplasme soulage les contusions et les foulures légères.

Bain de bouche antiseptique

1 poignée de clous de girofle*

30 cl de vinaigre de cidre

- Dans une casserole, mélanger les clous de girofle avec le vinaigre de cidre. Porter à ébullition. Laisser infuser 10 minutes. Filtrer et verser dans une bouteille.

Ce bain de bouche antiseptique par l'action du clou de girofle soulage les douleurs dentaires.*

Lotion antipelliculaire

2 poignées de feuilles d'ortie

20 cl de vinaigre de cidre

80 cl d'eau minérale

- Faire sécher les feuilles d'ortie pendant 3 jours. Dans une casserole, porter le vinaigre à ébullition avec les feuilles d'ortie séchées. Laisser infuser pendant 10 minutes, filtrer et mélanger à l'eau minérale.

Frictionner le cuir chevelu avec cette lotion, laisser agir 10 minutes et effectuer un lavage ordinaire des cheveux.

Recettes à manger

Vinaigre balsamique

Le vinaigre balsamique (de l'italien *aceto balsamico*) est originaire de Modène, dans le nord de l'Italie. Ce vinaigre à la saveur aigre-douce, c'est-à-dire peu acide, n'en est, à vrai dire, pas vraiment un car il est confectionné à partir non de vin mais de jus de raisin. S'il n'est largement commercialisé que depuis quelques années, les gourmets ne jurent aujourd'hui que par lui. Le véritable vinaigre balsamique est vieilli pendant vingt ans en fûts de bois ; c'est pourquoi il est rare et très cher.

Les vignerons le fabriquent à partir du moût de raisins sucrés, gorgés de soleil et de sucre. Le vinaigre passe en tonnelets de plus en plus petits et de bois différents (chêne, châtaignier, cerisier, frêne, mûrier...). Plus le vinaigre se concentre, plus les sucs et les arômes se développent, plus l'acidité diminue. Plus on attend, plus il se bonifie et prend une saveur sucrée et un teint sombre. Le moelleux de cet élixir de couleur caramel s'associe à une légère acidité boisée. Evidemment, de par sa saveur sucrée, le vinaigre balsamique plaît aussi bien aux amateurs de vinaigres qu'à ceux qui lui sont réfractaires. De plus, il est l'ingrédient mystère idéal de desserts originaux et délicieux.

Valeurs nutritionnelles pour 100 g	102 kcal
Protides	0,8 g
Glucides	24,6 g
Lipides	0 g

Le vinaigre balsamique que l'on trouve dans le commerce actuellement est en général âgé de trois à cinq ans et possède quand même un arôme puissant. Le vinaigre balsamique a une saveur aigre-douce qui parfume aussi bien les salades que certains plats cuits, ou même des desserts (sur des fraises). Son prix varie selon l'âge et la qualité de la fabrication.

Légumes confits au vinaigre balsamique

Pour 4 personnes

1 aubergine
2 courgettes
4 tomates
2 oignons rouges
3 cuillerées à soupe d'huile d'olive
3 cuillerées à soupe de vinaigre balsamique
Sel, poivre

- Laver et sécher les légumes. Peler les oignons et les émincer en petits cubes. Couper les autres légumes en cubes. Mélanger les légumes, l'huile et le vinaigre. Assaisonner.

- Placer le mélange dans une cocotte en fonte et placer le tout au four à couvert à 180 °C pendant 1 heure 30 minutes. Mélanger régulièrement (environ toutes les 15 minutes).

Mousse au chocolat blanc, coulis de framboises au vinaigre

Pour 6 personnes

200 g de chocolat blanc « pâtissier »
200 g de framboises
400 g de crème liquide entière
4 cuillerées à soupe de vinaigre balsamique

- Faire fondre le chocolat blanc au bain-marie. Monter la crème froide en chantilly.

- Laisser légèrement tiédir le chocolat fondu. L'incorporer dans la crème en fouettant doucement. Dresser dans des coupes et réserver au frais 3 heures au minimum.

- Mixer les framboises. Passer la purée obtenue au chinois afin d'en ôter les graines désagréables sous la dent. Mélanger le coulis obtenu au vinaigre balsamique. Verser le coulis sur la mousse juste avant de servir.

Aubergines caramélisées à l'ail

Pour 3 ou 4 personnes

2 aubergines fermes

2 gousses d'ail

5 cl d'huile d'olive

10 cl de vinaigre balsamique

2 cuillerées à soupe de miel toutes fleurs

Sel, poivre

- Préchauffer le four à 180 °C.

- Laver les aubergines. Les trancher dans la largeur finement à l'aide d'une mandoline*. Eplucher les gousses d'ail et frotter chaque tranche d'aubergine avec l'ail. Mélanger l'huile, le vinaigre et le miel. Avec un pinceau, badigeonner les aubergines de ce mélange. Disposer les tranches d'aubergine sur une plaque de four. Saler et poivrer.

- Cuire les aubergines entre 10 et 15 minutes, jusqu'à ce qu'elles caramélisent légèrement et qu'elles deviennent fondantes.

Ces aubergines accompagneront parfaitement un poisson grillé ou de la viande blanche.

Tatin de tomates et balsamique

Pour 6 personnes

POUR LA PÂTE :

125 g de beurre

250 g de farine

2 branches de romarin

1 œuf

Une pincée de sel

POUR LA GARNITURE :

5 cuillerées à soupe de vinaigre balsamique

30 g de sucre complet

1 gousse d'ail

500 g de tomates cerise

Sel, poivre

- Préchauffer le four à 180 °C.
- Réalisation de la pâte : sabler le beurre et la farine mélangée au sel et au romarin égrainé. Ajouter l'œuf entier et fraiser jusqu'à ce que la pâte se rassemble et forme une boule. Laisser reposer au frais 30 minutes.
- Etaler la pâte en cercle.

Réalisation de la garniture : dans un moule à manqué de 24 cm de diamètre, faire réduire le vinaigre balsamique et le sucre sur feu vif. Ecraser l'ail et l'ajouter au vinaigre réduit. Saler et poivrer. Disposer les tomates cerise dans le caramel de vinaigre et laisser cuire à feu doux 10 minutes.

- Retirer le plat du feu, laisser tiédir légèrement. Recouvrir les tomates de la pâte étalée et rentrer les bords entre le plat et la garniture.
- Enfourner à 180 °C pendant 30 minutes. Démouler à chaud et déguster chaud ou tiède.

Hamburgers au vinaigre

Pour 4 personnes

300 g de viande de boeuf hachée

2 oignons jaunes

100 g de comté en bloc

4 feuilles de laitue

2 poignées de pignons de pin

4 muffins complets

8 cuil. à soupe de ketchup

3 cuil. à soupe de vinaigre balsamique

Sel, poivre

- Hacher les oignons et les pignons de pin. Les mélanger intimement avec la viande. Saler et poivrer. Ajouter le vinaigre balsamique. Former quatre hamburgers.

- Trancher les muffins et les passer sous le gril du four quelques minutes. Trancher à l'aide d'une mandoline* réglée sur un large écartement le fromage afin d'obtenir huit tranches.

- Placer une cuiller de ketchup sur chaque demi-muffin, ainsi qu'une tranche de fromage. Faire cuire les quatre hamburgers selon la cuisson désirée. Sur chaque tranche de fromage, placer une demi-feuille de laitue. Sur quatre des demi-muffins, placer les hamburgers cuits et recouvrir des demi-muffins restants.

Déguster avec une salade de tomates.

Tarte au chocolat, poivrons et balsamique

Pour 6 personnes

POUR LA GARNITURE:
1/2 poivron rouge
3 cuillerées à soupe de vinaigre balsamique
1 cuillerée à soupe de sucre
30 cl de crème (végétale ou animale)
200 g de chocolat noir
2 œufs

POUR LA PÂTE :
250 g de farine T65
125 g de beurre doux extrafin à température ambiante
1 œuf

- Préchauffer le four à 180 °C.
- Sabler la farine avec le beurre coupé en parcelles. Ajouter l'œuf et un peu d'eau si nécessaire pour obtenir une pâte souple et homogène.
Former une boule.
- Laisser reposer la pâte 30 minutes au frais, à couvert.
- Etaler la pâte afin de foncer un cercle à tarte de 30 cm de diamètre.
- Piquer le fond de pâte et le recouvrir de haricots secs. Cuire la pâte à blanc pendant 15 minutes à 180 °C.
- Eplucher le poivron à l'aide d'un économe pour peaux fines en le passant sous une flamme. Retirer les graines et les peaux blanches à l'intérieur. Hacher le poivron en petits dés et le mélanger avec le vinaigre balsamique et le sucre. Laisser macérer.
- Faire fondre le chocolat avec la crème. Ajouter les œufs. Répartir les poivrons au vinaigre balsamique sur le fond de pâte et verser la préparation au chocolat. Cuire 30 à 40 minutes à 180 °C.
- Laisser totalement refroidir et déguster.

Truffes au vinaigre balsamique

Pour 40 pièces

300 g de couverture noire

1 cuillerée à soupe de vinaigre balsamique

30 cl de crème fraîche liquide (de vache ou de soja)

50 g de cacao amer en poudre

- Casser la couverture* de chocolat en morceaux et placer ceux-ci dans un saladier. Porter la crème à ébullition et verser sur le chocolat en trois fois. Emulsionner le tout. Ajouter le vinaigre balsamique. Couvrir et réfrigérer 3 heures. A l'aide d'une cuillère à café, former des boules de ganache au chocolat.
- Dans une assiette creuse remplie de cacao en poudre, rouler les truffes.
- Conserver au réfrigérateur.

Coupe de glace en noir et blanc

Pour 6 personnes

20 cl de vinaigre balsamique

1 l de glace à la vanille

3 poignées de noix de pécan*

- Verser le vinaigre dans une casserole et faire réduire de moitié à feu doux. Laisser refroidir.
- Former des boules de glace et disposer dans des coupes. Hacher grossièrement les noix et saupoudrer la glace avec. Arroser de réduction de vinaigre.

Il existe un vinaigre balsamique très spécial : le vinaigre balsamique blanc. Assez rare, il possède un goût léger mais piquant qui apportera une touche caractéristique à vos plats.

Vinaigrette à l'orange

Pour 4 personnes

1 orange

10 cl d'huile d'olive

5 cl de vinaigre balsamique blanc

Sel, poivre

- Presser le jus de l'orange. Faire réduire le jus obtenu sur feu doux. Débarrasser dans un récipient froid et fouetter en ajoutant progressivement l'huile d'olive, comme pour une mayonnaise. Ajouter le vinaigre balsamique, du sel et du poivre. Déguster tiède.

Tartinade de champignons

Pour 4 à 6 personnes

2 échalotes

2 cl d'huile d'olive

300 g de champignons de Paris

5 cl d'huile de truffe noire*

5 cl de vinaigre balsamique blanc

Sel, poivre

- Brosser les champignons et ôter les parties terreuses des pieds. Couper les champignons en quatre.
- Eplucher et émincer les échalotes. Les faire revenir dans l'huile d'olive sans coloration. Saler et poivrer.
- Ajouter les champignons sans trop remuer afin qu'ils rendent leur eau de végétation. Passer au mixeur en ajoutant l'huile de truffe et le vinaigre. Laisser refroidir.

Macarons au vinaigre balsamique

Pour 6 personnes

POUR LES MACARONS :

150 g de sucre glace

150 g de poudre d'amande

2 cuillerées à soupe de cacao amer en poudre

165 g de sucre semoule

120 g de blancs d'œufs

POUR LA GANACHE :

50 cl de vinaigre balsamique d'excellente qualité

80 + 260 g de crème liquide (entière et de vache)

150 g de couverture ivoire (chocolat blanc pâtissier)

- Réalisation de la réduction de vinaigre balsamique : verser le vinaigre balsamique dans une casserole. Porter sur feu doux et laisser réduire de moitié. Réserver.

- Réalisation de la ganache : la veille du dressage des macarons, faire fondre au bain-marie la couverture ivoire d'une part et porter 80 g de crème à ébullition d'autre part. Incorporer la crème au chocolat en trois fois en émulsionnant bien le tout. Ajouter 2 cuillerées à soupe de ré-duction de vinaigre balsamique. Couvrir et laisser au frais pour la nuit.

Le lendemain, ajouter les 260 g de crème restants. Fouetter comme pour monter une crème Chantilly. Verser la préparation dans une poche à douille lisse. Dresser une noix de ganache sur la moitié des coques de macaron. Coller sur les coques garnies de ganache les coques non garnies. Réserver au frais, mais à déguster à température ambiante.

- Réalisation des coques de macarons : tamiser ensemble le sucre glace et la poudre d'amande avec le cacao en poudre. Réserver. Réaliser un sirop à 110° avec 150 g de sucre et 50 g d'eau. Pendant ce temps, monter 60 g de blancs en neige avec les 15 g de sucre restants. Serrer les blancs avec le sirop et continuer à fouetter jusqu'à complet refroidissement de la masse.

- Ajouter alors les 60 g de blancs d'œufs non montés et la poudre d'amande tamisée avec le sucre glace. Mélanger à la maryse*.

Dresser les macarons à l'aide d'une poche à douille lisse sur une plaque chemisée de papier cuisson. Laisser reposer 30 minutes. Cuire les coques de macarons à 140 °C pendant 12 à 15 minutes. Laisser totalement refroidir.

Comme il restera de la réduction de vinaigre balsamique, il est possible de la verser en filet sur les macarons servis à l'assiette ou bien de la conserver pour des desserts ou des décorations d'assiettes.

Vinaigre au cacao

Pour 1 bouteille

1 l de vinaigre balsamique

100 g de couverture de chocolat noir

- Dans une casserole, faire réduire le vinaigre balsamique de moitié.
- Lorsque le vinaigre est réduit, ajouter le chocolat coupé en morceau et laisser fondre.
- Verser dans une bouteille.

Ce vinaigre peut être utilisé aussi bien pour les préparations salées que sucrées. En version salée, il se mariera très bien avec des coquilles Saint-Jacques poêlées ; en version sucrée, il sera parfait avec des pâtisseries au chocolat ou aux fruits rouges.

Vinaigre de cidre

Au cours de sa transformation en vinaigre de cidre, la pomme entière, qui est écrasée, ne perd aucune de ses propriétés reconstituantes et contient une douzaine de minéraux, des vitamines, plusieurs acides essentiels, des enzymes et une bonne dose de pectine.

Le véritable vinaigre de cidre est fabriqué à partir d'un jus de pomme naturel ; il est ensuite vieilli en fûts de chêne pendant dix à douze mois à une température contrôlée et il est non pasteurisé.

Il est important d'acheter un vinaigre de cidre d'origine, c'est-à-dire pur à cent pour cent. Le dépôt de « mère de vinaigre » qui se forme au fond de la bouteille est une garantie d'authenticité. Ce dépôt est comestible mais peut être filtré si désiré.

D'autres vinaigres de cidre proviennent d'un cidre tourné en vinaigre, ou sont issus d'un procédé industriel fait en quarante-huit heures, ou sont pasteurisés (sans dépôt de « mère de vinaigre »). Ils peuvent contenir des colorants artificiels et des agents de conservation chimiques. Ils contiennent les mêmes éléments de base mais sans les propriétés qui assurent au véritable vinaigre de cidre toutes ses qualités nutritives.

Le vinaigre pur à cent pour cent est un produit qui ne s'altère en aucune façon avec le temps, qu'il soit réfrigéré ou non, étant lui-même un agent de conservation. Toutefois, il est préférable de le conserver à l'abri de la lumière.

Valeurs nutritionnelles pour 100 g	14 kcal
Protides	0 g
Glucides	4 g
Lipides	0 g

Ingrédient de nombreuses cuisines, le vinaigre de cidre allie ses propriétés apéritives (ouvrant l'appétit), digestives, désinfectantes et antioxydantes aux plaisirs plus gastronomes de finesse et d'arôme pour rehausser le goût des salades et des crudités. C'est un excellent agent de conservation pour les végétaux comme les câpres*, les petits oignons, les cornichons, l'ail, les fines herbes fraîches, les marinades et les chutneys*.

Le vinaigre de cidre augmente la valeur nutritive des sauces ; il suffit de quelques gouttes pour déglacer le fond d'une poêle. En marinade, il sert à attendrir la viande.

De plus, une ou deux cuillerées de vinaigre de cidre dans les haricots et les lentilles durant la cuisson les rendront plus digestes.
Plus doux que le vinaigre de vin, il est excellent pour accompagner le poisson, les crustacés et les fruits dans la mesure où il ne masque pas la finesse de leur goût.

Vinaigre de cidre

Pour 5 ou 6 bouteilles

5 l de cidre à 5° d'alcool

Des fragments d'une « mère de vinaigre »

Verser le cidre dans le vinaigrier et l'agiter. Ajouter les fragments de la mère de vinaigre. Fermer le vinaigrier et l'entreposer dans une pièce où la température ambiante est de 25 °C.

La mère de vinaigre se développe durant une période allant de 1 à 3 mois. Une fois sa croissance stabilisée, le vinaigre peut être tiré.

Moutarde à l'ancienne

Pour 1 pot

8 cuillerées à soupe d'huile de colza

1/2 cuillerée à café de piment d'Espelette

20 cl de vinaigre de cidre

100 g de graines de moutarde

1 cuillerée à café de sel fin

- Passer tous les ingrédients au mixeur jusqu'à l'obtention d'une consistance crémeuse. Rectifier l'assaisonnement au besoin. Conserver dans un pot stérile au frais.

Avec cette recette, vous pourrez réaliser des spirales à la moutarde. Etaler une portion de pâte feuilletée. Recouvrir de moutarde et ajouter 200 g de comté râpé. Rouler en un rouleau. Couper en fines tranches et cuire 15 minutes à 200 °C.

Oignons marinés au vinaigre de cidre

Pour 6 personnes

2 feuilles de laurier

70 cl de vinaigre de cidre

500 g d'oignons « grelots »

1 cuillerée à soupe de gros sel

- Peler les oignons. Placer les oignons dans un saladier, les recouvrir d'eau et saler avec le gros sel. Laisser mariner au frais une nuit.
- Rincer les oignons à l'eau douce et les ranger dans des bocaux en verre fermant hermétiquement. Répartir les feuilles de laurier. Porter le vinaigre à ébullition et le verser dans les bocaux. Fermer et retourner les pots.
- Laisser macérer 1 mois au moins avant de consommer. Une fois le pot ouvert, le garder au réfrigérateur.

Chutney d'été

Pour 6 personnes

4 pêches jaunes

150 g de sucre complet

2 poignées de raisins secs

10 cl de vinaigre de cidre

2 bâtons de cannelle

- Peler les pêches à l'aide d'un économe « spécial peaux fines » ou bien en les ébouillantant 30 secondes.
- Couper les pêches en huit et ôter leurs noyaux.
- Les placer dans une casserole ou, mieux, dans une bassine à confiture.
- Ajouter le sucre. Porter sur le feu et ajouter le vinaigre une fois le sucre entièrement fondu. Ajouter les raisins et la cannelle. Baisser le feu et laisser cuire 30 minutes à frémissements.
- Laisser refroidir et servir en accompagnement d'un poisson au curry.

Salade aux deux pommes

Pour 6 à 8 personnes

1,2 kg de petites pommes de terre

1 yaourt (végétal ou animal)

1 cuillerée à café de moutarde à l'ancienne

3 cuillerées à soupe de vinaigre de cidre

1/2 botte de persil plat frais

2 petites pommes

1 échalote

Sel, poivre

- Hacher le persil.
- Eplucher les pommes de terre. Les couper de sorte qu'elles fassent toutes à peu près la même taille. Les rincer soigneusement. Les cuire dans de l'eau bien salée 10 minutes à partir de la reprise de l'ébullition.
- Les passer sous l'eau froide pour arrêter la cuisson. Il ne faut pas que les pommes de terre soient trop tendres.
- Lorsque les pommes de terre sont bien froides, préparer la sauce. Mélanger le yaourt, la moutarde, le persil et le vinaigre.
- Rincer mais ne pas éplucher les pommes et tailler en seize lamelles. Ciseler l'échalote.
- Mélanger la pomme aux pommes de terre et à l'échalote. Verser la sauce et poivrer généreusement. Garder au frais jusqu'au moment de servir.

Compotée sucrée-salée

Pour 4 personnes

4 aubergines

1 oignon rouge

2 mangues

3 cuillerées à soupe de vinaigre de cidre

- Couper les aubergines en cubes et émincer l'oignon. Dans une grande poêle, faire revenir dans très peu d'huile l'oignon, avant d'ajouter les dés d'aubergine. Verser un peu d'eau et laisser compoter jusqu'à ce que les aubergines soient ramollies.
Ajouter alors les mangues coupées en morceaux et le vinaigre de cidre. Laisser compoter et confire en surveillant que la préparation n'attache pas.
- Servir chaud.

Carpaccio de bar aux pommes

Pour 4 personnes

3 pommes granny smith

400 g de filets de bar sans peau et sans arêtes

4 cuillerées à soupe d'huile d'olive

4 cuillerées à soupe de vinaigre de cidre

2 citrons verts

1 botte de ciboulette

Sel, poivre

- Presser le jus des citrons verts. Réserver.
- Trancher le plus finement possible les filets de bar et les disposer dans les assiettes de service au fur et à mesure. Rincer les pommes et les brosser. Ôter le trognon et les trancher finement à l'aide d'une mandoline*. Tailler chaque tranche de pomme en deux pour obtenir de fines lamelles.
- Poser les lamelles de pomme sur le carpaccio de bar. Emulsionner le jus de citron, l'huile et le vinaigre de cidre. Verser cette sauce sur le poisson. Saler et poivrer.
- Hacher la ciboulette et la répartir sur les assiettes.
- Servir aussitôt.

Tarte sucrée-salée

Pour 6 personnes

pâte feuilletée

1 pomme

2 cuillerées à soupe de vinaigre de cidre

1 oignon

1 pointe de brie de Maux

Sel, poivre

- Préchauffer le four à 180 °C. Placer la pâte sur un disque de papier cuisson directement sur une plaque allant au four. Brosser la pomme et éplucher l'oignon.
- A l'aide d'une mandoline*, trancher finement l'oignon et la pomme vidée de son trognon. Répartir un lit d'oignon et un lit de pommes sur le fond de pâte. Trancher finement le brie et disposer les tranches sur les pommes. Saler et poivrer.
- Enfourner à 180 °C pendant 15 à 20 minutes.

A la sortie du four, vaporiser le vinaigre de cidre sur la tarte et déguster bien chaud avec une salade de saison.

Vinaigre de miel

Le vinaigre de miel est un vinaigre fabriqué uniquement avec de l'eau et du miel, ou avec de l'hydromel (alcool de miel). C'est un vinaigre doux dont l'acidité ne dépasse pas cinq degrés. Sa fabrication domestique se fait dans un vinaigrier en grès à partir soit d'hydromel, soit de miel étendu d'eau (cinq cents grammes pour trois litres d'eau) auquel on ajoute une mère de vinaigre et qu'on laisse reposer dans une pièce chaude, comme la cuisine.

Mayonnaise au miel

Pour 6 personnes

1 cuillerée à soupe de vinaigre de miel

1 jaune d'œuf

25 cl d'huile d'olive

1 cuillerée à café de moutarde au vinaigre de cidre

1 cuillerée à café de miel

Sel, poivre

- Mélanger le vinaigre, la moutarde, du sel et du poivre. Ajouter le jaune d'œuf et fouetter de plus en plus fort. Lorsque la mayonnaise commence à monter, ajouter progressivement l'huile. Lorsque toute l'huile est incorporée, ajouter le miel.
- Conserver au réfrigérateur, mais servir à température ambiante.

Cette mayonnaise accompagne parfaitement bien le canard, qui aime la saveur du miel.

Vinaigrette au miel et à l'ail

Pour 4 à 6 personnes

1 gousse d'ail

1 cuillerée à café de miel toutes fleurs

1 cuillerée à café de moutarde

5 cl de vinaigre de miel

10 cl d'huile de colza

Sel, poivre

- Eplucher et hacher l'ail. Mélanger le miel et la moutarde avec l'ail. Ajouter le vinaigre, puis l'huile et émulsionner.
- Saler et poivrer.

Concombres marinés au vinaigre de miel

Pour 4 à 6 personnes

2 gousses d'ail

5 cl d'huile d'olive

2 concombres non traités

10 cl de vinaigre de miel

Sel, poivre

- Brosser les concombres et les peler en laissant une lanière de peau sur deux. Ôter les graines à l'aide d'une cuillère à café. Réaliser des tranches d'une épaisseur de 0,5 cm. Eplucher et écraser les gousses d'ail.

- Dans un plat, disposer en alternance une couche de concombre, une couche de sel, une couche de poivre, une couche d'ail. Couvrir d'huile d'olive.
- Faire chauffer le vinaigre et le verser sur les concombres. Couvrir et laisser mariner une nuit au frais, voire 3 jours.

Pruneaux marinés au vinaigre de miel

Pour 2 bocaux

500 g de pruneaux (poids dénoyautés)

10 clous de girofle*

10 grains de poivre noir

50 cl de vinaigre de miel

50 g de miel

1 cuillerée à café de sel

- Piquer les pruneaux avec une fourchette afin que le liquide de macération puisse les pénétrer. Placer les pruneaux dans deux bocaux en verre fermant hermétiquement.

- Répartir les clous de girofle et les grains de poivre dans les bocaux. Mélanger le vinaigre, le miel et le sel et porter à ébullition. Verser aussitôt sur les pruneaux.

- Fermer les bocaux et entreposer dans une pièce à température ambiante, mais à l'abri de la lumière.

- Laisser macérer 1 mois.

Ces pruneaux seront très appréciés avec les tajines et autres plats du Maghreb.

Soupe pour les gorges fragiles

Pour 4 personnes

1 oignon

1 cm de racine de gingembre* frais

1 pomme

1 cube de bouillon aux herbes « bio »

8 carottes

1 cuillerée à soupe de miel

2 cuillerées à soupe de vinaigre de miel

1 cuillerée à soupe d'huile d'olive

Sel, poivre au goût

- Peler et émincer l'oignon. Faire de même avec le gingembre et les carottes. Faire revenir l'oignon et le gingembre dans une cocotte en fonte huilée. Ajouter les carottes et la pomme. Couvrir d'eau et ajouter le bouillon. Couvrir et laisser cuire entre 30 et 40 minutes. Mixer. Ajouter le miel et le vinaigre, mixer à nouveau.

Décorer d'un trait d'huile d'olive au moment de servir. Saler et poivrer au goût.

Vinaigre de riz

Le vinaigre de riz est un vinaigre obtenu par fermentation du riz ou de vin de riz. Il y a trois types de vinaigres de riz : le vinaigre de riz blanc, le vin-aigre de riz noir et celui de riz rouge. Le vinaigre de riz japonais est très doux et sa couleur varie d'incolore à jaune pâle. Il est utilisé notamment en salade (avec des wakamé*, par exemple), il se retrouve dans les *tsukemono* (pickles japonais) et dans le riz à sushi.
Qu'il soit japonais ou chinois, le vinaigre de riz n'est pas fabriqué de la même façon et n'utilise pas les mêmes produits. Le vinaigre de riz accompagne idéalement les poissons. Accompagné d'huile de sésame ou de miso (pâte fermentée de soja, riz et orge), le vinaigre de riz permet de réaliser des vinaigrettes et des marinades originales, riches en nutriments essentiels.

Pickel de concombre à la sauce de soja

Pour 4 à 6 personnes

2 concombres

2 oignons nouveaux

10 cl de vinaigre de riz

3 cuillerées à soupe de shoyu (sauce de soja douce)

- Laver les concombres et les éplucher en conservant une lanière sur deux de peau. Laver les oignons et les émincer finement. Trancher les concombres à l'aide d'une mandoline*. Remplir un bocal des concombres et des oignons mélangés.

- Dans une casserole, porter à ébullition 30 cl d'eau, le vinaigre et le shoyu. Verser cette préparation sur les concombres dans un bocal en verre que l'on ferme hermétiquement. Retourner le pot et le maintenir renversé jusqu'à complet refroidissement. Conserver au frais et laisser mariner 8 jours avant de consommer.

Gingembre mariné pour accompagner les sushis

Pour 1 pot

20 cl de vinaigre de riz

200 g de gingembre frais

1 cuillerée à café de sirop de riz

1 cuillerée à café de miso rouge

- Peler le gingembre. Le trancher à l'aide d'une mandoline* en tranches très fines. Faire tremper le gingembre dans un saladier d'eau froide pendant 1 heure.

- Mélanger dans une casserole le vinaigre de riz, le sirop de riz et le miso. Porter à ébullition.

- Répartir les lamelles de gingembre dans des bocaux. Verser la préparation au vinaigre bouillante sur les lamelles de gingembre en conservant 1 cm libre au niveau de la fermeture.

- Fermer les pots. Laisser mariner le gingembre au moins 1 mois.

Manger du gingembre mariné entre chaque sushi a un but très précis : celui de rincer la bouche du goût du poisson précédent. Il existe en effet un ordre précis pour déguster les sushis, ceux au thon devant être mangés en dernier.

Idéal pour les brunchs ou les dîners rapides, ce pickel sera apprécié avec des salades de crudités. Pour plus de gourmandise, il est possible d'ajouter de fines tranches de gingembre aux concombres.

Poêlée de tofu aux champignons

Pour 4 à 6 personnes

50 g de champignons noirs* déshydratés
500 g de tofu*
200 g de champignons de Paris
2 gousses d'ail
1 cm de racine de gingembre frais*
3 cuillerées à soupe d'huile de sésame*
5 cl de bouillon de légumes
2 cuillerées à soupe de vinaigre de riz
Piment d'Espelette
Sel

- Tremper les champignons noirs dans de l'eau chaude pour qu'ils se ré-hydratent.

- Couper le tofu en dés de 2 cm de côté. Réserver.

- Brosser les champignons de Paris et ôter les parties terreuses. Couper les champignons en quatre.

- Egoutter les champignons noirs. Réserver.

- Eplucher l'ail, ôter le germe central et le passer au presse-ail. Eplucher et passer le gingembre au presse-ail.

- Dans une sauteuse, faire chauffer l'huile de sésame. Faire revenir les dés de tofu dans l'huile chaude jusqu'à coloration. Les retirer et les éponger sur du papier absorbant.

- Dans l'huile encore chaude, ajouter l'ail et le gingembre. Dès qu'une odeur commence à se dégager, baisser le feu et ajouter les champignons noirs égouttés, les champignons de Paris, les dés de tofu. Mouiller le tout avec le bouillon de légumes et le vinaigre de riz. Saler et pimenter.

Couvrir et laisser cuire à feu doux pendant 10 minutes.

- Servir bien chaud avec du riz.

Maquereaux marinés à la citronnelle

Pour 4 personnes

2 citrons verts

2 cuillerées à soupe de vinaigre de riz

4 filets de maquereaux frais

2 cuillerées à soupe de gros sel

1 tige de citronnelle fraîche

- Faire écailler les filets de maquereau par le poissonnier.
- Dissoudre le sel dans 10 cl d'eau et y plonger les maquereaux.

Couvrir et laisser mariner 2 heures au réfrigérateur.

- Rincer les filets de poisson et laisser tremper dans une eau douce pendant 1 heure.
- Presser le jus de citron et le mélanger au vinaigre de riz. Couper finement la citronnelle.
- Placer les filets de maquereau dans un plat profond et arroser du mélange au vinaigre. Ajouter la citronnelle émincée, couvrir et laisser mariner au frais une nuit.

Vinaigre de tomate

Le vinaigre de tomate peut être obtenu de plusieurs manières. Il s'agit soit d'un vinaigre de vin blanc aromatisé, soit d'un vinaigre obtenu uniquement à partir de tomates mûries à point. Le second type de vinaigre est évidemment le meilleur, puisqu'il confère au vinaigre toutes les saveurs de la tomate.

Valeurs nutritionnelles pour 100 g	31 kcal (133 kj)
Protides	3 g
Glucides	0,1 g
Lipides	0 g

Ce vinaigre est parfait pour assaisonner les salades, les viandes et poissons grillés, les légumes, ainsi que les céréales. D'une acidité très modérée, aux alentours de six pour cent, le vinaigre de tomate est très agréable pour les palais.

Mayonnaise à la tomate

Pour 6 personnes

1 cuillerée à soupe de vinaigre de tomate

1 jaune d'œuf

1 cuillerée à café de moutarde

25 cl d'huile de pépins de raisin*

Sel, poivre

Mélanger du sel, du poivre et le vinaigre. Ajouter la moutarde et le jaune d'œuf. Fouetter doucement, puis de plus en plus fort. Lorsque la mayonnaise commence à prendre, ajouter progressivement l'huile de pépins de raisin en totalité. Conserver au réfrigérateur.

L'huile de pépins de raisin est idéale pour la confection des mayonnaises car elle ne fige pas au contact du froid, garantissant ainsi toute son onctuosité à la mayonnaise.

Rillettes de thon

Pour 6 personnes

1 boîte de 240 g de thon blanc « au naturel »

3 cuillerées à soupe de fromage blanc

6 tomates séchées

2 cuillerées à soupe de vinaigre de tomate

Sel, poivre

- Egoutter le thon. L'écraser à la fourchette en ajoutant le fromage blanc. Hacher les tomates séchées à l'aide d'un mixeur à lame*. Ajouter ce hachis aux rillettes de thon. Saler et poivrer au goût. Pour finir, ajouter le vinaigre de tomate et mélanger.
- Tenir au frais et servir sur des toasts ou en accompagnement de crudités.

Tomates confites au vinaigre de tomate

Pour 6 personnes

1,5 kg de tomates cerise

4 gousses d'ail

1,5 l de vinaigre de tomate

2 branches de romarin

10 grains de poivre noir

120 g de gros sel

- Laver les tomates cerise à l'eau claire. Inciser les tomates et les placer dans un récipient profond. Saupoudrer de sel et laisser macérer au réfrigérateur pendant une journée.
- Rincer abondamment les tomates et les égoutter. Eponger et sécher les tomates avant de les répartir dans des bocaux en verre. Eplucher les gousses d'ail et ôter le germe central.
- Faire bouillir le vinaigre avec les gousses d'ail, le romarin et le poivre.
- Filtrer. Verser ce vinaigre aromatisé sur les tomates. Fermer les bocaux hermétiquement et laisser macérer 1 mois.

Houmous rouge

Pour 6 personnes

Une boîte de 265 g de pois chiches cuits

3 tomates confites

1 cuillerée à café de purée de piment

3 cuillerées à soupe de vinaigre de tomate

5 cuillerées à soupe de l'huile des tomates

1 gousse d'ail

- Rincer les pois chiches et les égoutter. Mixer les pois chiches à l'aide d'un mixeur à lame* avec les tomates confites et l'ail. Ajouter la purée de piment, le vinaigre et l'huile des tomates pour assouplir la préparation.
- Couvrir et laisser reposer au frais. Servir à température ambiante.

Ce houmous revisité sera très apprécié pour sa couleur et sa saveur. Il est possible d'ajouter un peu de sel, mais la préparation est déjà salée par les tomates confites, souvent riches en sel. Attention, donc, au dosage !

Saumon confit à la tomate

Pour 4 personnes

4 cuillerées à soupe de vinaigre de tomate

4 pavés de saumon

2 cuillerées à soupe d'huile de sésame*

Sel, poivre

- Préchauffer le four à 200 °C (th. 6-7).
- Mélanger le vinaigre de tomate et l'huile de sésame. Verser sur les pavés de saumon, saler et poivrer. Cuire le poisson 10 à 15 minutes selon sa préférence. A accompagner de riz.

Vinaigre de vin

Les vinaigres de vin se divisent en deux catégories : les vinaigres de vin rouge et de vin blanc. Comme nous l'avons vu dans le chapitre sur la fabrication du vinaigre, le choix du vin destiné à la mise en œuvre du vinaigre est fondamental. C'est la qualité du vin qui détermine en effet la qualité du vinaigre réalisé. La distinction de goûts entre vinaigre de vin blanc et vinaigre de vin rouge est la même que celle qui s'opère entre vin blanc et vin rouge. Ainsi, en fonction des mets préparés, le vinaigre de vin blanc s'accommodera mieux que le vinaigre de vin rouge et inversement.

Le vinaigre de vin rouge est principalement utilisé pour la réalisation de marinades de viandes rouges et pour les vinaigrettes. Le vinaigre de vin blanc est quant à lui idéal pour les marinades destinées aux viandes blanches, ainsi qu'aux poissons, tels que les sardines et maquereaux.

Valeurs nutritionnelles pour 100 g	22 kcal
Protides	0,2 g
Glucides	0,3 g
Lipides	0,3 g

Les vinaigres de vin peuvent très facilement être aromatisés : estragon, basilic, échalotes... Attention, toutefois, si vous réalisez une telle opération, à ajouter les aromates non pas dans le vinaigrier mais à la fin de la fabrication du vinaigre, lors de la mise en bouteilles. Le vinaigre ainsi aromatisé demandera un temps de repos afin de se gorger des saveurs des arômes choisis.

Vinaigre de vin rouge

Vinaigre aux épices

Pour 1 bouteille

1 bâton de cannelle

4 gousses de cardamome

4 clous de girofle*

1/2 l de vinaigre de vin rouge

- Placer les épices dans un récipient et arroser de vinaigre. Couvrir et laisser macérer 1 mois. Filtrer et mettre en bouteille.

Ce vinaigre sera délicieux pour accompagner une salade au foie gras lors des fêtes de fin d'année.

Vinaigre à l'estragon

Pour 2 bouteilles

8 branches d'estragon

2 gousses d'ail

1 l de vinaigre de vin rouge

2 bouteilles en verre d'une contenance de 50 cl

- Placer 4 branches d'estragon dans chacune de 2 bouteilles en verre d'une contenance de 50 cl. Couper les gousses d'ail en deux et ôter le germe central. Répartir 2 morceaux d'ail par bouteille. Couvrir de vin-aigre de vin rouge et fermer hermétiquement. Laisser reposer 1 mois au minimum.

Ce vinaigre agrémente parfaitement les salades d'été. Il est aussi l'allié idéal des marinades pour les viandes blanches et les poissons.

Ketchup

Pour 2 pots

1 kg de tomates mûres
1 cuillerée à soupe d'huile neutre (colza)
1 cuillerée à café de cumin
Piment d'Espelette*
2 cuillerées à soupe de sucre complet
3 cuillerées à soupe de vinaigre de vin
Sel

- Laver et couper les tomates en morceaux. Faire chauffer l'huile dans une cocotte en fonte et y faire fondre les tomates sur feu moyen pendant quelques minutes. Ajouter le sucre complet, le vinaigre et le cumin. Saler et pimenter.
- Laisser compoter à feu doux pendant 1 heure à 1 heure 30 minutes. Filtrer la sauce obtenue en pressant fortement et faire épaissir sur feu vif.
- Placer dans un récipient adapté, de type pot en verre, et conserver au frais.

Chou rouge mariné

Pour 4 à 6 personnes

1 chou rouge entier
10 grains de poivre noir
2 bâtons de cannelle
30 cl de vinaigre de vin rouge
50 g de sucre complet
Sel

- Laver le chou et le couper en lanières à l'aide d'une mandoline*. Disposer les lanières de chou dans un récipient profond. Saupoudrer le chou de sel et laisser macérer à couvert au frais pendant 12 heures.
- Egoutter le chou de son eau de végétation rendue par l'action du sel et le sécher. Placer les lanières de chou dans les bocaux en verre. Répartir les grains de poivre et la cannelle dans les bocaux.
- Porter le vinaigre à ébullition avec la cassonade, puis le verser dans des bocaux en verre.
- Fermer hermétiquement les bocaux et laisser macérer 2 jours.

Vinaigre de mûre

Pour 1 bouteille

300 g de mûres

1 l de vinaigre de vin blanc

- Placer les mûres dans un grand bocal en verre ou plusieurs petits. Verser par-dessus le vinaigre. Fermer et remuer vigoureusement. Laisser macérer 8 jours en remuant chaque jour. Filtrer et verser en bouteille.

Plus original que le vinaigre de framboise, ce vinaigre de mûre est idéal pour accompagner les salades sucrées-salées.

Vinaigre de framboise

Pour 1 bouteille

1 l de vinaigre de vin blanc

250 g de framboises

- Porter le vinaigre sur le feu à frémissements, mais sans atteindre l'ébullition. Placer les framboises rincées rapidement dans un grand récipient. Verser le vinaigre chaud sur les framboises et écraser les baies au pilon. Couvrir et garder au frais 10 jours. Filtrer et entreposer dans une bouteille ébouillantée.

Ce vinaigre sera délicieux pour accompagner les salades sucrées-salées. Par exemple une salade de mâche aux magrets séchés de canard et aux framboises.

Vinaigre au romarin

Pour 1 bouteille

5 branches de romarin

1/2 l de vinaigre de vin blanc

Placer le romarin et le vinaigre de vin blanc dans un récipient. Couvrir et laisser macérer 2 semaines. Filtrer et mettre en bouteille.

Oignons marinés au vinaigre

Pour 6 personnes

500 g d'oignons grelots

1 cuillerée à soupe de gros sel

10 grains de poivre noir

1 cuillerée à soupe de baies roses

70 cl de vinaigre de vin blanc

- Peler les oignons. Les placer dans un saladier, les recouvrir d'eau et saler avec une cuillerée à soupe de gros sel. Laisser mariner au frais une nuit.
- Rincer les oignons à l'eau douce et les ranger dans des bocaux en verre. Répartir les grains de poivre et les baies roses. Porter le vinaigre à ébullition et le verser dans les bocaux. Fermer les pots hermétiquement et les retourner.
- Laisser macérer 1 mois au moins avant de consommer. Une fois ouvert, garder le pot au réfrigérateur.

Il est possible de varier cette préparation en changeant les épices utilisées. Remplacer les baies roses par de la moutarde, ajouter des câpres au sel, etc.*

Chutney à la rhubarbe

Pour 8 personnes

500 g de sucre complet

2 oignons jaunes

500 g de dattes medjool*

1 cm de racine de gingembre*

1 kg de bâtons de rhubarbe

1 bâton de cannelle

75 cl de vinaigre de vin blanc

Sel

- Effiler les bâtons de rhubarbe. Couper la rhubarbe en tronçons de 1 cm. Placer la rhubarbe dans une bassine à confiture avec le sucre et laisser macérer 2 heures. Peler et émincer les oignons finement. Dénoyauter les dattes et les couper en tout petits dés. Peler le gingembre et le hacher au presse-ail.

- Ajouter dans la bassine la cannelle, les oignons, le gingembre et les dattes. Porter sur un feu fort. Quand la préparation commence à fondre, ajouter le vinaigre et baisser le feu. Laisser cuire à feu moyen pendant 1 heure à 1 heure 30 minutes à moitié couvert.
- Saler, retirer le bâton de cannelle et verser la préparation chaude dans des pots stérilisés. Fermer hermétiquement et retourner les pots pendant 24 heures. Conserver les pots à l'abri de l'humidité, de la chaleur et de la lumière.

Ce chutney rafraîchissant accompagnera parfaitement le foie gras des fêtes de fin d'année.

Pâte feuilletée

Pour 2 fonds de pâte

300 g de farine

150 g de beurre

1 cuillerée à café de vinaigre de vin blanc

Une pincée de sel

- Mélanger du bout des doigts la farine avec 50 g de beurre et la pincée de sel, puis ajouter le vinaigre et suffisamment d'eau pour obtenir une pâte souple et homogène. Placer la détrempe au frais pendant au moins 1 heure.

- Etaler la pâte en un grand carré, et répartir au centre le reste de beurre en parcelles. Enfermer le beurre en faisant un portefeuille. Étaler en un long rectangle et plier en trois, puis tourner d'un quart de tour et recommencer. Placer au frais 30 minutes, et redonner deux tours, puis au frais, et encore deux tours.

Cette pâte se congèle très bien. Il est donc très utile d'en faire en grande quantité, ce qui ne nécessite pas plus de travail, et d'en conserver au congélateur pour des utilisations ultérieures. Ainsi, même à la dernière minute, vous pourrez dire : « C'est moi qui l'ai faite ! »

Œufs pochés aux lentilles

Pour 6 personnes

1 oignon jaune

2 clous de girofle*

2 cuillerées à soupe de vinaigre de vin blanc

200 g de lentilles vertes du Puy

6 œufs

Sel

- Rincer les lentilles trois fois. Les placer dans une casserole avec trois fois leur volume d'eau. Eplucher l'oignon et le piquer des 2 clous de girofle.

- Porter à ébullition et laisser cuire 30 à 40 minutes. Les lentilles doivent rester *al dente*. Saler en fin de cuisson.
Refroidir les lentilles sous de l'eau froide. Réserver et ne pas conserver l'oignon de cuisson.

- Porter 1 l d'eau à ébullition. Saler et ajouter le vinaigre. Casser 1 œuf dans l'eau, vers l'extérieur de la casserole, et tourner avec une cuillère afin que le blanc se coagule autour du jaune. Laisser cuire 2 à 3 minutes. Retirer avec une écumoire. Répéter cette opération cinq fois.

- Répartir les lentilles dans des verrines et dresser dans chacune 1 œuf poché encore tiède.

Le vinaigre permet de faire coaguler le blanc de l'œuf, sans quoi celui-ci se répandrait dans l'eau de cuisson. Il ne faut pas saler l'eau de cuisson des lentilles avant la fin, sinon celles-ci durcissent et deviennent immangeables.

Lisettes marinées au vin blanc

Pour 4 personnes

4 petites lisettes*
1 citron jaune non traité
1 oignon jaune
10 grains de poivre noir
3 branches de coriandre
400 g de gros sel de Guérande
1 branche de thym
40 cl de vinaigre de vin blanc
20 cl de vin blanc

- Lever les filets des lisettes ou demander des filets préparés au poissonnier. Placer les filets prélevés dans un plat de type plat à gratin et couvrir le poisson du sel. Laisser reposer au frais 4 heures. Rincer soigneusement les filets de lisette avant de les sécher avec du papier absorbant.
- Couper en deux le citron. En presser la moitié et trancher finement la seconde.
- Eplucher et émincer l'oignon en rondelles fines. Ajouter au poisson les oignons, les rondelles de citron, le poivre, la coriandre et le thym.
- Arroser du vinaigre, du vin et du jus de citron. Couvrir et laisser mariner au frais pendant 3 jours.

Anchois marinés

Pour 6 personnes

1 kg d'anchois
2 citrons
2 échalotes
10 cl de vinaigre de vin blanc
Sel, poivre

- Ôter la tête des anchois et les vider. Rincer les anchois sous l'eau claire. Retirer l'arête centrale des anchois.
- Trancher finement les citrons. Peler et émincer les échalotes.

Dans un plat creux, placer la moitié des anchois côté peau vers le bas. Répartir la moitié du citron et la moitié de l'échalote. Saler et poivrer. Recommencer une seconde fois. Couvrir de vinaigre. Couvrir le plat et conserver au réfrigérateur une journée. *Pour la préparation des anchois, n'hésitez pas à demander au poissonnier de le faire.*

Vinaigre de noix

Le vinaigre de noix peut être soit un vinaigre de vin blanc parfumé aux noix, soit un vinaigre fabriqué à partir de vin de noix. Evidemment, le second est bien plus dense en goût et en saveurs. Ce vinaigre accompagne parfaitement les salades ainsi que les viandes blanches. A l'utiliser avec parcimonie, il peut vite se révéler écœurant !

Soupe d'automne croustillante

Pour 4 à 6 personnes

50 g de beurre doux

5 cl d'huile de colza

2 pommes type golden ou canada

500 g de champignons de Paris

20 cl de crème liquide (végétale ou de vache)

60 g de cerneaux de noix

5 cl de vinaigre de noix

Sel, poivre

- Brosser les champignons et retirer les parties terreuses.
- Couper les champignons en quartiers. Faire chauffer le beurre mélangé à la moitié de l'huile de colza dans un fait-tout et faire revenir les champignons. Ne pas trop remuer et saler seulement en fin de cuisson, afin que les champignons ne rendent pas toute leur eau. Peler les pommes et les couper en quartiers. Réserver 2 quartiers pour le dressage. Ajouter les pommes aux champignons et couvrir d'eau à hauteur. Saler et poivrer.
- Laisser cuire 15 minutes. Ajouter la crème et mixer à l'aide d'un mixeur plongeant*. Râper les quartiers de pomme réservés et hacher les noix.
- Dresser la soupe dans des verrines de service. Disposer au centre de chaque soupe un peu de pommes râpées et des noix concassées. Mélanger l'huile restante et le vinaigre et répartir cette sauce sur chaque verrine.

Salade de chou rouge

Pour 6 personnes

1 chou rouge

2 poignées de noisettes

1 cuillerée à soupe de moutarde au vinaigre de cidre

125 g de yaourt brassé

5 cl de vinaigre de noix

Sel, poivre

- Laver et tailler le chou rouge en lanières à l'aide d'une mandoline*.
- Torréfier les noisettes dans une poêle en prenant garde de ne pas les faire brûler.
- Emulsionner le yaourt, la moutarde, le vinaigre de noix avec du sel et du poivre.
- Mélanger le chou avec la sauce. Concasser les noisettes torréfiées et les ajouter au chou assaisonné.

Vinaigrette aux noix

Pour 4 personnes

5 cl de vinaigre de noix

10 cl d'huile de noix

1 cuillerée à café de moutarde

Sel, poivre

Mélanger la moutarde et le vinaigre. Emulsionner avec l'huile. Saler et poivrer.

Cette vinaigrette sera parfaite pour accompagner des salades sucrées-salées avec des pommes, des endives et du fromage.

Vinaigre de Xérès

Le vinaigre de Xérès est élaboré selon le même procédé traditionnel que celui utilisé pour le vin de Jerez (ou de Xérès) : le système de criaderas et solera. Il consiste à faire passer le vin d'une rangée de fûts de bois américain d'une capacité de 500 litres envinés au préalable avec du vin de Jerez à l'autre. Ainsi, le vin le plus jeune se mêle au plus ancien. La *solera* est la rangée de fûts inférieure, près du sol (contenant les vins plus vieux). Au-dessus viennent les *criaderas*, rangées dédiées aux vins jeunes. Ce système dote le vinaigre de Xérès d'une personnalité inédite et d'un fort degré de concentration. Le vin de Xérès, et donc le vinaigre obtenu à partir de son acétification, est un vin blanc produit dans le sud de l'Andalousie.

Poivrons marinés

Pour 4 à 6 personnes

4 poivrons rouges
40 cl d'huile d'olive
20 cl de vinaigre de Xérès

- Laver les poivrons rouges. Les couper en quatre dans la longueur, les épépiner et en ôter les membranes blanches.
- Placer les poivrons dans une casserole avec le vinaigre. Couvrir d'eau et porter à ébullition. Baisser le feu et maintenir à frémissements pendant 15 minutes. Laisser refroidir les poivrons dans le liquide de cuisson. Ajouter l'huile d'olive et placer dans un bocal. A conserver au frais et à consommer dans les 8 jours.

Il est très important de retirer les graines et les membranes blanches contenues à l'intérieur des poivrons, celles-ci lui confèrent en effet un goût amer le rendant indigeste.

Gaspacho des filles

Pour 6 à 8 personnes

200 g de tomates mûres à souhait

150 g de mie de pain

500 g de betteraves cuites

5 cl d'huile d'olive

5 cl d'huile de pistache*

10 cl de vinaigre de Xérès

Sel, poivre

- Couper les betteraves et les tomates en cubes grossiers. Couper grossièrement la mie de pain. Arroser de l'huile d'olive, de la moitié de l'huile de pistache et du vinaigre de Xérès. Saler et poivrer. Couvrir et laisser mariner 2 heures au frais. Passer l'ensemble de la préparation au blender*.
- Servir dans des verrines et ajouter au dernier moment un filet d'huile de pistache.

Melon au xérès

Pour 4 personnes

1 melon charentais

50 g de sucre

1 verre à liqueur de vinaigre de Xérès

A l'aide d'une cuillère parisienne, réaliser des boules de melon. Faire caraméliser le melon et le sucre dans une poêle à feu doux. Retirer dès que le caramel se colore. Réserver. Déglacer au vinaigre de Xérès et napper le melon du jus de déglaçage.

Cette préparation fruitière peut aussi bien se servir en entrée, accompagnée de jambon cru ou de magret de canard séché, qu'en dessert.

Rutabagas glacés au miel et au xérès

Pour 6 personnes

12 rutabagas

1 cuillerée à café d'huile de colza

1 cuillerée à soupe de miel

30 g de beurre demi-sel

1 cuillerée à soupe de vinaigre de Xérès

Sel, poivre

- Brosser les rutabagas si leur peau est fine, sinon les éplucher. Placer les rutabagas dans une casserole remplie d'eau bouillante salée. Faire cuire ainsi jusqu'à ce que les rutabagas soient cuits, mais pas réduits en purée. Passer les légumes-racines sous l'eau froide afin d'arrêter la cuisson.

- Dans une poêle, faire fondre le beurre avec l'huile. Placer les rutabagas égouttés dans la poêle et arroser de miel. Faire revenir et légèrement caraméliser pendant quelques minutes, puis déglacer au vinaigre de Xérès. Baisser le feu et laisser cuire encore quelques minutes jusqu'à obtenir une jolie coloration. Saler et poivrer avant de servir.

Le rutabaga est une plante potagère issue de l'hybridation entre un navet et un chou frisé. Ce légume-racine est riche en potassium, calcium, soufre et phosphore. Il a de nombreuses vertus médicinales. Le rutabaga est un excellent diurétique, un laxatif et un désinfectant intestinal. De plus, une importante consommation de rutabagas serait liée à une diminution du risque de cancer du système digestif.

Dans cette recette, il est tout à fait possible de remplacer le rutabaga par du navet ou des pommes d'or, autre légume-racine délicieux.

Gaspacho de tomates

Pour 8 personnes

2 concombres

2 gousses d'ail

800 g de tomates mûres à souhait

200 g de mie de pain

10 cl d'huile d'olive

10 cl de vinaigre de Xérès

Sel, poivre

- Emonder les tomates à l'aide d'un économe « spécial peaux fines », ou les entailler et les plonger 30 secondes dans de l'eau bouillante avant de les passer à l'eau froide. Couper les tomates en quartiers. Laver les concombres et les peler en en gardant une lanière sur deux de peau.
- Couper les concombres en cubes grossiers. Eplucher les gousses d'ail et les couper en deux.
- Dans un saladier, mélanger les tomates, les concombres, l'ail, la mie de pain coupée en morceaux. Arroser d'huile d'olive, de vinaigre de Xérès, saler et poivrer. Couvrir et laisser reposer 2 heures au frais. A l'aide d'un mixeur plongeant*, mixer la préparation et servir bien frais.

Abricots en robe de caramel de xérès

Pour 6 personnes

100 g de sucre

7 cl de vinaigre de Xérès

70 g d'eau

1 kg d'abricots mûrs à souhait

- Laver et dénoyauter les abricots.
- Dans une casserole si possible en cuivre (de type bassine à confiture), mélanger le sucre et 70 g et faire cuire jusqu'à l'obtention d'un caramel doré. Ajouter le vinaigre sans cesser de remuer. Verser les abricots dénoyautés dans le caramel et les retourner rapidement.
- Dresser aussitôt dans des coupelles.

Une glace à la vanille accompagne parfaitement ces abricots au caramel.

Vinaigre d'alcool

Le vinaigre d'alcool est principalement fabriqué à partir d'alcool de betterave, obtenu par la fermentation alcoolique d'un jus de betterave mélangé à de l'eau.

La plupart du temps, le vinaigre d'alcool est incolore, mais on lui ajoute parfois un peu de caramel pour le colorer, il est alors présenté sous l'appellation « vinaigre d'alcool coloré ».
Le vinaigre d'alcool est principalement utilisé en gastronomie pour la réalisation de conserves alimentaires, ainsi que pour les cornichons et pickels, qui évoquent à la fois la cuisine britannique et la cuisine d'Europe de l'Est.

Valeurs nutritionnelles pour 100 g	112 kcal (26 kj)
Protides	0,1 g
Glucides	0 g
Lipides	0,1 g

Le vinaigre d'alcool ne présente pas de saveur particulière, c'est d'ailleurs pour ce goût neutre qu'il est préconisé dans la réalisation de conserves alimentaires. En revanche, il est assez acide, ce qui le rend idéal pour les travaux ménagers. C'est aujourd'hui en France le vinaigre le plus vendu, même si le vinaigre balsamique tend à le rattraper.

Cornichons Malossol (à la russe)

Pour 4 à 6 personnes

10 gros cornichons
70 g de gros sel de Guérande
10 grains de poivre noir
3 brins d'aneth
3 cuillerées à soupe de vinaigre d'alcool

Avec le sel, frotter les cornichons. Dans un bocal en verre d'une contenance de 1 l, placer les cornichons, les grains de poivre, l'aneth. Porter à ébullition 1 l d'eau additionné de vinaigre et du sel. Verser sur les cornichons, réserver 1 minute et vider l'eau dans la casserole.
Reporter le liquide à ébullition et verser sur les cornichons. Remplir le bocal à ras bord et laisser mariner une quinzaine de jours avant dégustation.

Dans la cuisine russe, malossol désigne un mode de préparation des aliments et des condiments en particulier avec de la saumure utilisée en faible dose, c'est-à-dire entre 2 et 4 %. Ce mode de préparation permet de rehausser le goût des aliments, puisque le sel est un exhausteur de goût, mais il permet aussi une bonne conservation grâce à la fermentation lactique. C'est cette même lacto-fermentation qui donne à la choucroute son goût si particulier. Aujourd'hui, on retient surtout l'appellation malossol pour les cornichons préparés « à la russe ».

Câpres au vinaigre

Pour 2 pots

1 kg de câpres*
1 l de vinaigre d'alcool
10 grains de poivre noir

- Laver les boutons de câpres et les étaler sur un torchon. Laisser reposer 2 jours, ou jusqu'à ce que les câpres se flétrissent légèrement.
- Répartir les câpres dans des bocaux en verre hermétiques avec les grains de poivre. Couvrir de vinaigre et fermer hermétiquement les pots. Laisser mariner au moins 1 mois avant de consommer.
- Une fois le pot ouvert, le conserver au réfrigérateur.

Choisies petites, les câpres auront une saveur plus délicate et un arôme plus prononcé.

Petit précis des ingrédients et termes utilisés

Le but de cet ouvrage n'est pas de faire tout apprendre sur le vinaigre en laissant de côté les autres ingrédients et termes culinaires employés.

Blender. Le blender est un mixeur en forme de pichet qui permet de mixer sans risque de débordements les liquides : soupe, smoothies, jus de fruits et de légumes… En général très puissant, il permet d'obtenir des veloutés bien lisses en très peu de temps.

Câpre. La câpre est le bouton floral du câprier. Ce produit très présent dans la cuisine méditerranéenne est l'ingrédient phare de la tapenade et du steak tartare. Plus elle est petite et plus sa saveur est délicate.

Cèpe. Les cèpes sont en fait des champignons de la famille des bolets. Ils se distinguent des autres sortes de bolets par leur chair très ferme, idéale à travailler crue, qui de surcroît conserve sa couleur blanche.

Champignon noir. Le champignon noir, aussi appelé Oreille de Judas, est un champignon à la chair légèrement translucide, gélatineuse, élastique et ferme qui apporte aux plats en sauce beaucoup d'onctuosité. Ce champignon est utilisé en cuisine pas tant pour sa saveur, dont il est presque dépourvu, que pour la tenue et la couleur qu'il apporte aux plats. Il est souvent présenté sous forme déshydratée, il convient donc de le laisser tremper une quinzaine de minutes dans de l'eau chaude avant de l'utiliser.

Chutney. Le chutney est originaire d'Inde, où l'on dit *chatni*, mais a été importé en Europe par les Britanniques à l'époque où l'Inde était une colonie. Le chutney est une sauce aigre-douce servie en accompagnement des plats principaux. Mais, dans une version moins traditionnelle, le chutney peut également être servi à l'apéritif avec des crackers au sésame.

Clou de girofle. Le clou de girofle est le bouton floral du giroflier, arbre présent en Indonésie. Le clou de girofle est depuis longtemps reconnu pour ses vertus antiseptiques et anesthésiques, c'est pourquoi il a souvent été utilisé pour traiter les douleurs dentaires. Il est utilisé en cuisine pour la confection du pain d'épice, du pot-au-feu, de la choucroute et dans la plupart des marinades.

Crème fraîche d'Isigny. Crème bénéficiant d'une appellation d'origine contrôlée (AOC) depuis 1986, la crème d'Isigny, fabriquée uniquement dans les départements du Calvados et de la Manche, est particulièrement riche. Sa consommation à cru permet de profiter au mieux de ses saveurs et de sa texture. Si vous souhaitez la cuire, il ne faut l'ajouter qu'en toute fin de cuisson.

Datte medjool. La datte est le fruit du palmier dattier. C'est un fruit très énergétique et, une fois séchée, la datte contient des vitamines du groupe B,du potassium et du calcium ainsi que du chrome et des fibres. Les dattes les plus répandues sur les marchés européens sont les « Deglet Nour », produites au Maroc, mais les plus prisées des gastronomes sont les dattes « medjool », plus charnues et moelleuses.

Fermentation. La fermentation est une réaction biochimique. Elle consiste en la conversion de l'énergie chimique contenue dans une source de carbone (le glucose étant un carbone) en une autre énergie directement utilisable par l'absence de dioxygène. Il existe différents types de fermentations : la fermentation alcoolique, lactique, acétique, etc.

Feta. La feta est un fromage grec fabriqué à partir de lait de brebis ou de chèvre caillé en saumure. Ce fromage bénéficie aujourd'hui d'une appellation d'origine contrôlée (AOC) .

Gingembre. Le gingembre est un rhizome constitué d'amidon à soixante pour cent. Il contient des protéines, des lipides et des huiles essentielles. Le gingembre a beaucoup de qualités gustatives, ce qui explique son usage dans différentes cuisines du monde. Mais il regorge surtout de qualités médicinales. Il estompe le mal des transports et les nausées des femmes enceintes. Il fait également baisser le taux de cholestérol et de triglycérides dans le sang. Attention à son utilisation, il peut se révéler très piquant pour la langue des moins avertis !

Huile de pépins de raisin. L'huile de pépins de raisin apporte à l'organisme les mêmes bienfaits que le raisin, les lipides en plus. En cuisine, elle s'utilise pour les salades, les assaisonnements et les fritures, puisqu'elle supporte les hautes températures. Très utile également pour la confection des mayonnaises, elle ne fige pas au froid.

Huile de pistache. L'huile de pistache est riche en acides gras poly-insaturés. En cuisine, son goût rond en bouche en fait l'amie des adeptes du sucré-salé. Elle s'utilise aussi bien pour l'assaisonnement que pour la pâtisserie. Attention, elle ne supporte pas les hautes températures ! Préférez-lui une utilisation à cru.

Huile de sésame. L'huile de sésame est une huile végétale qui possède le goût légèrement amer et torréfié des grains de sésame, dont elle est issue. Cette huile supporte bien la chaleur, mais est aussi excellente crue. Riche en acides gras poly-insaturés, elle est très digeste.

Lait fermenté (« lait leben »). Le lait fermenté est une spécialité laitière réalisée dans différentes parties du monde : en Bretagne, dans les pays du Maghreb, en Inde... Le but premier est bien sûr d'assurer la conservation du lait. Mais le lait fermenté a aussi pour propriété d'être très bien assimilé par notre système digestif. La fermentation élimine en effet du lait le lactose, un glucide parfois indigeste pour certains. De plus, comme les yaourts, le lait fermenté équilibre la flore intestinale. Attention, il ne faut pas faire chauffer directement ce lait, au risque de le faire tourner !

Lisette. La lisette est une sorte de maquereau, cette appellation étant utilisée pour désigner de nombreux poissons, dont la lisette.

Mandoline. La mandoline est un appareil très coupant à utiliser avec précaution. Cet ustensile sert à réaliser de fines tranches avec les légumes en particulier, mais également avec les fromages et les fruits.

Maryse. Une maryse est une spatule souple servant à racler les fonds des récipients. Elle est indispensable pour incorporer des blancs en neige ou une crème fouettée à une préparation sans risque de les faire tomber.

Miso. Le miso est un aliment traditionnel de la cuisine japonaise. Il s'agit d'une pâte de soja, de riz ou d'orge fermentée. Le miso est fortement doté de protéines végétales. Son goût est très prononcé et très salé. Attention donc à son utilisation en parallèle de sel ! Il existe plusieurs misos de couleurs différentes allant de beige clair à brun très foncé. Cela est en fait fonction de l'aliment mis en fermentation ainsi que du temps de fermentation.

Mixeur à lame. Le mixeur à lame est un petit mixeur qui permet de hacher rapidement des ingrédients sans les chauffer.

Mixeur plongeant. Ce type de mixeur formant comme un bras est très utile pour mixer les soupes et veloutés à même le plat de cuisson. De plus, il permet d'ajuster très précisément la force du mixage. Ainsi, pour la confection de soupes moulinées, il sera idéal.

Mozzarella. La mozzarella est un fromage italien à base de pâte filée. Elle est exclusivement produite en Campanie, dans les Pouilles, dans le sud du Latium et dans le Basilicate. La véritable mozzarella est fabriquée à partir de lait de bufflonne. Il faut environ dix litres de lait pour réaliser un kilogramme de ce fromage très frais en bouche.

Noix de pécan. La noix de pécan ou « pécane » est le fruit du pacanier. Oléagineux de la famille des noix, la noix de pécan est très riche en lipides, mais contient très peu d'acides gras saturés. Elle contient d'ailleurs un important taux d'antioxydants qui permettent de lutter contre l'excès de cholestérol.

Nori. Le nori est une algue rouge à l'état frais devenant verte ou noire une fois séchée. Comestible, elle est beaucoup utilisée dans la cuisine japonaise. Elle sert à la réalisation des maki sushis. Très riche en protéines, aux alentours de quarante-sept pour cent, le nori est particulièrement recommandé dans le cadre des régimes végétariens ou végétaliens.

Patate douce. La patate douce est une plante vivace de la famille des convolvulacées. Elle est principalement cultivée dans les régions tropicales et subtropicales. Suivant sa variété, la patate douce peut être de couleur blanc-jaune à orange ou violet. Elle est très riche en amidon et sa saveur est douce et farineuse, un peu comme celle de la châtaigne, avec laquelle elle se marie très bien.

Pavlova. La pavlova est un dessert meringué qui tire son nom d'une danseuse russe nommée Anna Pavlova. Constituée de meringue et de crème fouettée garnie de fruits, la pavlova représente une danseuse en tutu.

Piment d'Espelette. Ce piment est cultivé au Pays Basque, dans le village nommé Espelette. La culture du piment au Pays Basque remonte au XVIe siècle, époque où le piment était importé d'Amérique du Sud par le port de Bayonne. Dans la cuisine de tous les jours et dans les recettes de ce livre, le piment d'Espelette remplace avantageusement le poivre. Le piment sert ainsi à la confection du célèbre jambon de Bayonne, dont il est l'un des ingrédients fondamentaux. Le piment d'Espelette est protégé par une appellation d'origine contrôlée (AOC) depuis 2000.

Potimarron. Le potimarron est une cucurbitacée proche du potiron. Plus petit et de saveur plus fine, il est souvent appelé courge châtaigne. S'il est jeune, il n'est pas nécessaire de le peler pour le consommer et le cuisiner.

Rice cooker. Le rice cooker est un appareil ménager qui permet de cuire le riz comme les cuisiniers asiatiques. Il ne demande aucune surveillance, le riz étant cuit par absorption de l'eau, il ne faut pas le saler avant la fin de la cuisson. Une fois la cuisson terminée, le riz est maintenu au chaud. Le rice cooker est l'accessoire idéal pour réaliser du riz à sushis.

Shoyu. La sauce de soja est fabriquée à partir de graines de soja fermentées et de céréales torréfiées, mélangées à de l'eau et à du sel. Elle est riche en acides aminés et a une saveur très prononcée et très salée. Les Japonais utilisent deux sortes de sauces de soja, le tamari et le shoyu. Le tamari est uniquement constitué de soja, tandis que le shoyu est mélangé à du froment. Le shoyu a un goût plus léger et moins salé que le tamari.

Sushis. Le sushi, mets traditionnel japonais, est une préparation non pas de poisson, mais de riz. Cette préparation de riz vinaigré a été conçue pour la conservation du riz. Il existe différents types de sushis, parmi lesquels les nigiri sushis (sushis pressés), les maki sushis (rouleau de riz). Les sashimis ne sont donc pas à proprement parler des sushis, puisqu'il s'agit uniquement de tranches de poisson.

Tofu. Le tofu est une pâte blanchâtre peu odorante et très neutre de goût issue du caillage du lait de soja. Ce caillage étant obtenu par l'action du nigari (algue), du jus de citron, du sel et de vinaigre. Aliment phare de la cuisine végétarienne, le tofu est riche en protéines végétales. Son goût neutre lui permet d'être utilisé dans beaucoup de recettes puisqu'il s'adapte aux produits qui l'accompagnent.

Truffe noire. La truffe est un champignon hypogé, c'est-à-dire qui se développe sous la terre. Champignon rare et cher, la truffe doit s'utiliser avec parcimonie, son arôme étant très puissant. Il existe différents types de truffes : celles du Périgord, celles de Bourgogne... Il existe également la truffe blanche.

Wakamé. Le wakamé est une algue très consommée au Japon dont la culture a été importée en Bretagne depuis la fin du XXe siècle. Cette algue brune, présentée déshydratée, est riche en fibres solubles et sa teneur en calcium est dix fois plus élevée que celle du lait. Traditionnellement utilisé dans les bouillons et entrant dans la composition du miso, le wakamé parfume de manière originale les salades.

Bibliographie

Juliette Coadou, *Le Vinaigre* un concentré de bienfaits, Anagramme éditions, Paris, 2008.

Décret n° 88-1207 du 30 décembre 1988 portant sur l'application de l'article L. 214-1 du Code de la consommation en ce qui concerne les vinaigres.

Bons plans vinaigrés

A Modène se trouve le musée du Vinaigre balsamique, un lieu ludique pour découvrir toutes les richesses de ce vinaigre. Le site ***Casa del masso*** propose d'ailleurs d'excellents vinaigres balsamiques, y compris du vinaigre balsamique blanc.
www.casadalmasso.com

Pour acheter du vinaigre de tomate, je vous recommande de choisir celui commercialisé sous la marque **Mutti**, qui se trouve en épiceries fines ou sur Internet.

Sinon les produits commercialisés sous la marque ***Monoprix gourmet*** sont de très bonne qualité et disponibles partout en France.

Dans la catégorie « je cherche des vinaigres originaux », n'hésitez pas, pour ceux qui ont la chance d'habiter à Paris, à visiter le **magasin G. Detou**, *58, rue de Tiquetonne*, dans le deuxième arrondissement de Paris. Ce magasin de vente en gros et demi-gros est rempli de trésors de cuisine !

Plusieurs marques étant citées, ce ne peut être interprété comme de la publicité cachée. Seule la marque ***Mutti*** commercialise du véritable vinaigre de tomate (pas aromatisé). L'éditeur m'avait d'ailleurs recommandé de citer plusieurs marques afin de ne pas faire trop de réclame.

Pour la plupart des autres vinaigres, je ne peux que vous recommander de les choisir de qualité dans des magasins bio.

Pour les commandes à distance, beaucoup de sites Internet proposent des produits d'épiceries fines. Ainsi, n'hésitez pas à visiter virtuellement :

- **Les assaisonnements briards :**
http://www.moutarde-de-meaux.com/boutique.php
- **Cabosse grappe :**
http://www.cabosse-grappe.fr/vinaigre.htm
- **Régalissime :**
http://www.regalissime.com/boutique_fr_33.html

Seconde partie

Le BICARBONATE

Introduction

On a peut-être vaguement entendu parler d'un vieux remède de grand-mère confectionné avec du bicarbonate ou de cette technique pour blanchir les dents à base de cette fine poudre blanche. Il reste que c'est dans les recettes de cuisine que l'usage du bicarbonate est le plus connu, en tout cas en France. Or, cette substance sert à tant d'autres usages et demeure encore trop méconnue du grand public. Le bicarbonate de soude peut, sans exagérer, remplacer la plupart des produits vendus au rayon ménage du supermarché ! En plus, il a sur eux un avantage indéniable : il est biodégradable et inoffensif pour la santé !

Saviez-vous que les foyers français dépensent plus de 220 euros par an en produits ménagers : produits pour laver le linge (lessive, adoucissant, détartrant...), pour la vaisselle, pour nettoyer les vitres et les toilettes, les sprays multiusages, les bombes désodorisantes, etc. Il suffit d'ouvrir vos placards ou de jeter un œil sur le rayon ménage pour trouver tout un choix de produits qui servent à nettoyer et à désinfecter tout et n'importe quoi ! Devant tant de possibilités, il est rare que l'on se donne la peine de regarder avec attention ce que l'on achète et de lire les étiquettes... Souvent, notre premier critère d'achat est le prix. La composition du produit ou les écolabels passent après ! Pourtant, ces produits sont composés de substances chimiques et, la plupart du temps, nous ignorons les conséquences à court et à long terme que leur usage peut entraîner sur notre santé ou sur l'environnement. En effet, de récentes études nous alertent aujourd'hui sur les composés chimiques contenus dans ces produits ménagers. On sait que ce sont des sources importantes de pollution de l'air intérieur des maisons, et bien sûr elles finissent dans les eaux usées, contaminant les cours d'eau et les écosystèmes aquatiques...

Ce livre est un guide qui, non seulement, vous rappellent les dangers de nos produits ménagers et surtout veut vous faire découvrir les avantages de cet ancien produit et vous donner toutes les raisons pour avoir désormais le réflexe bicarbonate ! Avec des astuces pour l'employer en toutes occasions et apprendre à remplacer les détergents classiques pour un meilleur bien-être.

Ce livre est aussi un manuel du fait maison, puisque vous y apprendrez comment fabriquer votre propre dentifrice ou un décapant pour le four, mais aussi un fongicide écologique pour le jardin, et comment soigner les plaies, donner un bon bain au chien et nettoyer les affaires de bébé sans danger pour sa santé ! L'usage du bicarbonate n'aura plus de secret pour vous !

BICARB.
SODA

Le bicarbonate & ses vertus

Qu'est-ce que le bicarbonate ?

Le bicarbonate était autrefois un produit très populaire, et ce, surtout en cuisine pour préparer de délicieux gâteaux, des cookies ou encore pour laver les légumes. D'ailleurs, dans les pays anglophones, il est toujours très utilisé. Les Canadiens, par exemple, consomment environ 5000 tonnes de bicarbonate chaque année ! Même si, en France, on n'en est pas encore là, tout le monde a déjà vu ou entendu parler du bicarbonate ou au moins en a aperçu un petit paquet dans la salle de bains de sa grand-mère. Peut-être même avez-vous déjà essayé de blanchir vos dents en saupoudrant votre brosse à dents de cette poudre cristalline ? Ce n'est donc pas un total inconnu pour vous ! Cependant, le bicarbonate est encore peu et mal exploité. On le trouve uniquement dans certaines grandes surfaces, et souvent mal empaqueté, si bien que le bicarbonate finit au fond du sac avant même d'être arrivé chez vous...

Le nom « bicarbonate de soude » ou « bicarbonate » est la version parlée courante du nom scientifique « bicarbonate de sodium » ou « hydrogénocarbonate de sodium ». Le bicarbonate est un dérivé du natron (carbonate de sodium), un minéral issu des lacs salés, riches en sodium, et qui se trouve principalement aux Etats-Unis et en Afrique.
Il est très important de distinguer le bicarbonate de soude du carbonate de sodium. Même si le premier est un dérivé du deuxième, ce sont deux substances bien différentes et qui ont chacune des propriétés particulières. Il ne faut donc pas confondre les deux ! Le bicarbonate de soude est versatile, utilisé dans l'alimentation humaine et animale, dans l'entretien de la maison, l'hygiène personnelle et pour le jardinage. Le carbonate de soude, appelé aussi « cristaux de soude », est employé principalement dans l'industrie du verre, de la chimie et pour fabriquer les détergents. Il est aussi très utile pour l'entretien de la maison, mais ne doit jamais être utilisé dans les recettes de cuisine ou en soins corporels.

Seulement 30 % de la production actuelle de bicarbonate provient du natron. Le reste est obtenu par un procédé synthétique, appelé « le procédé Solvay ». Ce procédé, qui est à l'origine du bicarbonate le plus répandu aujourd'hui, a été mis au point en 1861 par l'ingénieur belge Ernest Solvay. Ce dernier a réussi à recréer du carbonate de sodium à partir du sel de table (chlorure de sodium) et de la craie, une pierre calcaire. C'est à partir de ce produit qu'il a fabriqué du bicarbonate de soude. Il existe donc deux formes de bicarbonate, soit à partir du carbonate de sodium naturel (natron des lacs salés), soit à partir du carbonate de sodium synthétique (sel de table - craie - pierre calcaire). Dans les deux cas, la transformation a lieu grâce à un procédé chimique appelé la « carbonatation » et nécessite l'adjonction d'eau. La formule chimique de cette transformation est :

Na_2CO_3 (carbonate de sodium) + H_2O (eau) + CO_2 (dioxyde de carbone)

= $NaHCO_3$ (bicarbonate de sodium)

Un peu d'histoire...

Les premières traces du bicarbonate remontent à l'Antiquité. En effet, les fouilles archéologiques ont montré que les Egyptiens n'ignoraient pas les bienfaits de cette substance et elle était même un ingrédient indispensable dans leur vie de tous les jours. Ils utilisaient en effet le natron comme un produit d'hygiène de base : ils s'en servaient comme savon pour se laver le corps et également pour blanchir le linge. Le natron était aussi employé pour préparer le cuir et conserver les viandes. Son usage était essentiel dans la culture et les traditions de ce pays puisqu'il était un des principaux éléments de la momification ! Il servait à déshydrater les corps de façon à les conserver pour plus longtemps.

Carte d'identité du bicarbonate

- Formule chimique : $NaHCO_3$
- Origine : dérivé du carbonate de soude, il est issu de la carbonatation
- Présentation : poudre blanche très fine
- pH : environ 8,4 ; il est basique
- Soluble dans l'eau
- Point d'ébullition : 60 °C
  À cette température, le bicarbonate se décompose en carbonate de sodium, eau et dioxyde de carbone :
  $$2\,NaHCO_3 \Rightarrow Na_2CO_3 + H_2O + CO_2$$
- A quoi ça sert ? il a mille choses, agissant comme produit d'entretien, jardinage ou même cosmétique (à découvrir !)
- Quantité nécessaire pour un usage quotidien : environ 250 g par mois par foyer
- Son prix : de 2 à 5 euros le paquet de 500 g

Par la suite, on perd sa trace, et c'est en Europe à la fin du XVIIIème qu'on le retrouve. En effet, le Belge Ernest Solvay est incontestablement celui qui a rendu populaire l'usage du bicarbonate. Néanmoins, on ne lui doit pas l'invention de sa synthèse. La forme synthétique du carbonate de sodium a été développée pour la première fois en 1791, à l'occasion d'un concours organisé par l'Académie française des Sciences. Le chimiste français Nicolas Leblanc a élaboré, pour cet événement, une méthode pour synthétiser le carbonate de sodium : il a traité le sel de table à l'acide sulfurique pour obtenir du sulfate de soude qu'il a ensuite mélangé à du charbon et à du calcaire pour obtenir du carbonate de sodium. Ce produit s'est rapidement répandu et particulièrement en pharmaceutique pour les troubles de l'estomac et la désinfection des plaies. A cette époque-là, le carbonate de soude est aussi en vogue au-delà de l'Europe. En effet, en Amérique, on multiplie les expériences chimiques à partir de ce composé. Les Américains ont d'ailleurs été les premiers à le commercialiser à échelle industrielle, et cela, dès 1846, quand deux New-Yorkais ont découvert le natron.

L'utilisation du carbonate de sodium est aujourd'hui encore très répandue et sa fabrication est essentielle pour les industries chimiques et en particulier les industries du verre. Celles-ci l'utilisent dans la production des phosphates sodiques, éléments présents dans la composition de nombreux produits d'entretien. Ce n'est pas tout, il est aussi largement employé dans l'industrie alimentaire humaine et animale, et l'industrie pharmaceutique. Le marché de bicarbonate de soude connaît d'ailleurs une croissance continue : en 2006, la production s'élevait à plus de 2,6 millions de tonnes (cf. portail de la recherche et des technologies en région wallonne : http://recherche-technologie.wallonie.be/fr).

Comment expliquer que le bicarbonate de soude reste si peu utilisé dans la plupart des foyers français et qu'il ne soit pas devenu un produit de base comme le savon de Marseille ? Le bicarbonate, utilisé depuis le XVIIIème siècle et largement diffusé à échelle industrielle, est pourtant resté dans l'oubli... Pourquoi ? L'explication est simple : nous l'avons abandonné au profit d'autres produits. En effet, les particuliers sont la cible des détergents colorés et parfumés en tout genre contrairement à l'industrie...

Les petits noms du bicarbonate

- Bicarbonate de sodium
- Bicarbonate de soude
- Hydrogénocarbonate de sodium
- *Natrum bicarbonatum*
- Bicarbonate alimentaire, poudre à pâte, poudre à lever (en référence à ses propriétés de cuisson)
- Sel de Vichy (en Belgique)
- La petite vache (au Canada, en référence à la marque qui le commercialise avec une vache comme symbole)
- *Baking soda*, dans les pays anglophones

On est naturellement plus attirés par un spray rose fluo qui tue toutes les bactéries, par un désinfectant soi-disant superpuissant, par la lessive violette aux odeurs de lavande qui enlève même les taches qu'on ne voit pas, etc. Pourtant, très souvent, ces produits s'avèrent chers, nocifs, voire même inefficaces. Pourtant, ils sont bien là, dans nos placards, et on a du mal à s'en passer !

Aujourd'hui, les problèmes environnementaux, les soucis d'économie, le désir de mener une vie plus saine nous obligent à nous tourner vers d'anciens produits, d'anciennes recettes et à redécouvrir le bicarbonate ! Un des principaux avantages de ce produit, c'est son origine naturelle. Il est donc biodégradable et n'est pas nocif pour l'environnement. L'utiliser c'est choisir de respecter la planète et veiller à sa santé. C'est aussi une manière de se simplifier la vie, en optant pour un ingrédient multi-usage, bon marché et écologique !

Les propriétés bienfaisantes du bicarbonate

Si le bicarbonate de soude est un produit polyvalent, c'est grâce à ses nombreuses propriétés physiques et chimiques. Il permet par exemple de neutraliser l'acidité et ainsi de supprimer les mauvaises odeurs. Pour mieux savoir comment et quand utiliser le bicarbonate de soude, nous allons passer en revue quelques-unes de ses propriétés les plus significatives.

Une substance « tampon »

Une des principales caractéristiques du bicarbonate de soude est sa capacité à stabiliser le pH des solutions acides. Le pH mesure l'acidité ou la basicité d'une solution sur une échelle de 0 à 14. Ainsi, un pH inférieur à 7 indique que la solution est acide, alors qu'une solution dont le pH est supérieur à 7 est basique. Si le pH est égal à 7, la solution est considérée neutre.
Le bicarbonate de soude a un pH d'environ 8,4. Grâce à ce pH basique, il a donc la capacité de neutraliser les milieux acides. C'est pour cette raison qu'il est appelé substance « tampon ». C'est donc un produit très efficace pour le nettoyage. En effet, la plupart de saletés sont des acides gras, qui proviennent des graisses animales et végétales, des huiles ou des cires. Ainsi, un peu de bicarbonate peut résoudre un problème de corrosion par acidité des canalisations (déchets alimentaires, calcaire...), neutraliser les venins d'insectes et même lutter contre l'acidité de l'estomac (aigreur, brûlure...) !

Un neutralisant d'odeurs

Le bicarbonate de soude est une substance inodore, pourtant elle est capable de neutraliser les odeurs indésirables. En effet, les mauvaises odeurs que l'on retrouve un peu partout dans la maison (poubelle, évier, réfrigérateur...) sont souvent occasionnées par des substances qui sont soit très acides ou soit très basiques. Grâce à sa qualité de substance « tampon », le bicarbonate de soude a la faculté de changer le pH de ces acides, source de mauvaises odeurs. Il agit ainsi à la racine du problème contrairement aux produits désodorisants qui ne font que masquer avec du parfum de synthèses les mauvaises odeurs du réfrigérateur ou de la poubelle. Ainsi, la situation empire au lieu d'être résolue ! On ajoute une odeur très forte sur une mauvaise odeur ! De plus, une fois l'effet du déodorant passé, l'odeur revient au galop et encore plus insupportable ! Cela vaut également pour les odeurs corporelles (transpiration).

Un agent anticalcaire

Nous disons que l'eau est « dure » quand elle est riche en magnésium et en calcium. Ces minéraux sont très importants pour notre santé, mais un changement de pH, de température ou une concentration d'oxygène dans l'eau peuvent provoquer la précipitation de ces minéraux en forme de calcaire incrustant. C'est ce qui arrive quand nous utilisons l'eau chaude chez nous. Or, l'accumulation de calcaire entraine la détérioration des canalisations et des équipements tels que les chauffe-eau et les bouilloires. Saviez-vous que le dépôt de seulement 1 mm de calcaire sur une résistance électrique peut augmenter la consommation d'énergie d'au moins 30 % ?

Le bicarbonate de soude, mélangé à de l'eau, empêche la précipitation des minéraux et, par conséquent, la formation de calcaire incrustant. Pour cette raison, c'est aussi un agent adoucissant (il adoucit la dureté de l'eau). Voilà donc deux problèmes résolus d'un seul coup : la durée de vie des appareils électroménagers et une économie d'énergie !

Un produit nettoyant

C'est peut-être l'usage le plus pratique du bicarbonate de soude : un nettoyant multifonction. En effet, le bicarbonate de soude est un produit particulièrement efficace, car il est abrasif et doux à la fois. A l'oeil nu, on ne le voit pas, mais les cristaux du bicarbonate de soude sont fins et formés en angle, si bien que ses pointes se frottent contre la saleté sans pour autant que ce contact soit agressif. Ses cristaux se dissolvent rapidement dans l'eau et n'abîment pas la surface des objets nettoyés. En outre, comme il est basique (grâce à son pH d'environ 8,4), il réagit au contact des graisses acides et facilite le nettoyage. Le résultat de cette réaction chimique crée une sorte de savon qui s'enlève très facilement et nettoie parfaitement.

Une levure

Le bicarbonate de soude est aussi très répandu dans les recettes de cuisine. D'ailleurs, dans de nombreux supermarchés, le bicarbonate de soude est rangé à côté du sel de cuisine ou dans le rayon pâtisserie près des farines. C'est le principal composant de la levure chimique. En effet, son effet gonflant est le résultat de la réaction chimique entre une substance acide et une substance basique. Quand nous préparons un gâteau, l'élément acide à l'origine de cette réaction peut être par exemple le lait. En ajoutant du bicarbonate de soude dans la pâte, une réaction chimique se produit, libérant du dioxyde de carbone sous forme gazeuse. C'est grâce à ce gaz que la pâte gonfle et devient légère. Le gaz sort naturellement de la pâte, après avoir interagi avec le gluten qui est la protéine élastique de la farine et responsable du caractère moelleux des pâtes. Si aucun élément acide n'est présent dans la pâte, la libération du gaz se fait quand même, en quantité réduite, à condition que le bicarbonate de soude soit exposé à une température supérieure à 70 °C.

Pourquoi et comment ?

- produit ménager et désodorisant multifonction
- pour blanchir les dents
- en cure après un repas trop gourmand pour faciliter la digestion
- pour avoir de jolis pieds
- comme fongicide contre les maladies des plantes du jardin
- en cuisine
- pour lessiver les tapisseries

Pourquoi ? C'est :

- un produit « tampon », qui équilibre le pH des solutions
- un neutralisateur d'odeurs
- un anticalcaire
- un abrasif, mais non-corrosif
- un agent levant

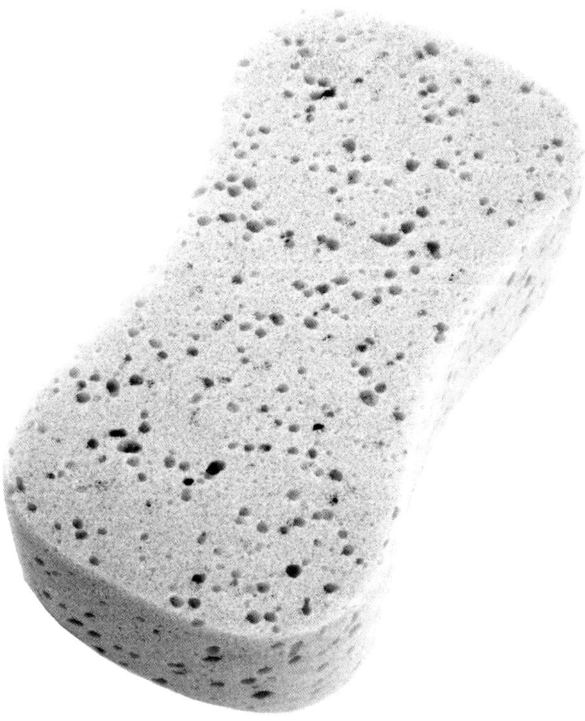

La production du bicarbonate

De la « Petite vache » au dieu Vulcain

Deux Américains sont à l'origine du développement industriel de la production et de la commercialisation du bicarbonate. L'un d'entre eux était médecin, le docteur Austin Church, et, comme tout médecin au XIXe siècle qui se respecte, il était aussi chimiste. En faisant des expériences dans son petit laboratoire installé dans sa cuisine, il a fini par découvrir une méthode pour raffiner le natron (carbonate de sodium), à l'origine au bicarbonate de soude.

Afin de commercialiser sa découverte, le docteur Church s'est associé à son beau-frère, John Dwight. A New York, ils ont commencé à le vendre dans de petits sacs en papier qu'ils remplissaient eux-mêmes. Une année plus tard, en 1847, leur aventure marche si bien qu'ils finissent par créer la compagnie *Church & Dwight*. Le docteur Church est responsable de la production et John Dwight de la commercialisation du produit. Ils adoptent alors la marque *Cow Brand*. Le mot *cow* en anglais veut dire « vache », ce qui symbolisait bien les fonctions de ce nouveau produit. En effet, à l'époque, le bicarbonate de soude était surtout utilisé dans les recettes de pâtisserie, associé à du lait aigre. Ce lait par son acidité favorise l'interaction chimique avec le bicarbonate de soude pour gonfler les pâtes. Aujourd'hui, au Canada, le bicarbonate de soude est toujours nommé « petite vache », comme la vache imprimée sur l'emballage.

Après vingt ans d'existence, le docteur Church décide de dissoudre la compagnie pour créer avec ses descendants une nouvelle compagnie : la Church & Company. Ils choisissent alors une autre marque pour la commercialisation du bicarbonate de soude. Cette nouvelle marque se nomme *Arm & Hammer* (« bras et marteau ») et a pour symbole le bras du dieu Vulcain tenant un marteau. Dans la mythologie romaine, Vulcain est le dieu des forgerons et confectionne les armes de tous les dieux. De son côté, son associé Dwight monte la compagnie *Dwight & Company*.

En 1896, les héritiers des deux précurseurs de l'industrie du bicarbonate de soude décident finalement de se remettre ensemble : les deux compagnies fusionnent en une seule. Comme au début, cette compagnie se nomme *Church & Dwight, Co.*, Inc. Ils gardent cependant la marque Arm & Hammer, puisque l'usage du bicarbonate de soude s'était élargi entre -temps et ne servait plus uniquement à la pâtisserie. De nos jours, cette compagnie demeure l'un des plus grands producteurs de bicarbonate de soude au monde.

Le bicarbonate à l'européenne : le procédé Solvay

L'autre grand producteur de bicarbonate de soude est la compagnie *Solvay* qui porte le nom du Belge Ernest Solvay. Comme nous l'avons vu précédemment, ce dernier a trouvé la formule pour synthétiser le carbonate de sodium. Ernest Solvay n'était pas chimiste de formation, mais, passionné par les sciences, il finit par occuper un poste de chimiste dans l'usine de gaz de son oncle. C'est dans le laboratoire de cette entreprise qu'il a développé ce procédé chimique de production du carbonate de soude. Ce composant était, à cette époque, très rare en Europe. En effet, il n'existait que sous sa forme naturelle issue de l'évaporation des lacs salés. Mais, en Europe, cette source de natron n'existe quasiment pas. La découverte de Solvay a donc été très importante dans le milieu chimique européen et même mondial. Elle a été baptisée « procédé Solvay » et continue d'être appelée ainsi encore aujourd'hui. C'est en 1861 qu'Ernest Solvay fonde avec son frère, la compagnie *Solvay & Cie*, dans le but de produire industriellement ce carbonate de soude synthétique ainsi que le bicarbonate de soude qui en dérive.

Où en trouver ?

Le plus simple, c'est d'aller au rayon pâtisserie de votre supermarché et de chercher du côté des farines et des sachets de levure.
Vous le trouverez soit emballé dans un petit paquet en carton (pas toujours pratique, car c'est une poudre si fine qu'elle passe par les ouvertures... Veillez à ce qu'il soit bien empaqueté), soit dans de petits sachets.

Vous pouvez aussi demander à votre pharmacien. Il en aura sûrement à vous vendre, puisque le bicarbonate est souvent préconisé par les dentistes contre les problèmes buccaux (aphte, plaie...), ou par les médecins en cure contre les maux d'estomac.
Si vous voulez en acheter en grande quantité, la meilleure option reste l'Internet. En effet, il est encore rare de trouver en France des paquets de 500 g en vente dans le commerce.
Il existe toutefois quelques magasins qui en proposent :
- certains magasins bio
- au rayon des produits d'entretien.

Sinon, plusieurs sites Internet en vendent pour un prix très raisonnable.
Consultez la liste des sites à la fin du livre

Peu de temps après, la *Solvay & cie* lance la « soude Solvay » et le « bicarbonate Solvay », des marques déposées du carbonate et du bicarbonate de soude. Le procédé Solvay fut un véritable succès pour l'industrie belge et, au fur et à mesure, la production de carbonate et bicarbonate de soude s'est internationalisée. Les industries se sont multipliées dans le monde entier. Aujourd'hui, les entreprises Solvay sont présentes dans près de 50 pays.

Pour la petite histoire, le nom *Solvay* n'est pas connu uniquement grâce à cette découverte chimique. En effet, Ernest Solvay était un homme très en avance sur son temps. Dans ses usines, il expérimentait de nouvelles façons de travailler, en prenant en compte, par exemple, les droits des travailleurs, ce qui, à l'époque, était plutôt rare... Les ouvriers avaient droit à des congés payés, à une retraite, et les journées de travail était de 8 heures. Ernest Solvay a donc été un précurseur en chimie, mais également un précurseur du droit du travail !

BICARB.
SODA

Utiliser le bicarbonate :

c'est bon pour la santé & pour la planète !

Pollution de l'air intérieur : un danger méconnu

L'Agence de protection de l'environnement des Etats-Unis, comme tant d'autres, précise dans un rapport de 2004, « l'air à l'intérieur d'un espace de séjour est en moyenne 2 à 5 fois plus pollué que l'air extérieur » (« Rapport du Congrès sur la qualité de l'air intérieur », volume II, publié dans la revue médicale *The Lancet*, Londres, 2004). Et il y a de quoi s'inquiéter puisque nous passons pratiquement 90 % de notre temps dans des locaux fermés : au bureau, à l'école, au supermarché ou, bien sûr, dans notre propre maison !

En France, l'Observatoire de la qualité de l'air intérieur a publié en 2006 un premier rapport. Il tenait compte du résultat des analyses faites sur les poussières récoltées dans un échantillon de logements situés un peu partout en France. La conclusion a révélé que la nature des polluants internes et externes est très différente. L'air intérieur des maisons est pollué par de nombreuses sources de pollution spécifiques aux espaces intérieurs : matériaux de construction et de décoration, ameublement, produits d'entretien, de bricolage, équipements de chauffage et de production d'eau chaude, présence humaine et activités liées aux besoins essentiels (cuisine) ou autres (tabagisme). L'analyse a aussi constaté que 9 % des logements étudiés révèlent la présence simultanée dans l'air de 3 à 8 composés chimiques à très fortes concentrations. Le chiffre 9 % montre que cette situation extrême existe même si elle est relativement isolée. Cependant, nous sommes tous, plus ou moins, exposés à ces sources polluantes !

Produits pour nettoyer les vitres, détachant, eau de Javel, lingettes nettoyantes, aérosols… Il suffit d'ouvrir nos placards pour les trouver ! Nous utilisons quotidiennement des quantités de produits d'entretien, sans savoir au juste ce qu'ils contiennent. Devant le rayon nettoyage, il est rare que l'on se donne vraiment la peine de regarder avec attention ce que l'on achète. Cependant, en y regardant de plus près, on s'aperçoit que l'on a affaire à des produits chimiques très toxiques.

Comment assainir chez soi ? Les plantes !

La meilleure manière de réduire la pollution intérieure de votre maison est de remplacer les substances chimiques que nous utilisons quotidiennement par d'autres, plus saines.
Pour vivre dans une ambiance plus fraîche et agréable, il suffit par exemple d'acquérir quelques plantes qui dépolluent l'atmosphère.
Les plantes sont des organismes vivants qui respirent. Grâce à ces échanges gazeux, certaines plantes aident à se débarrasser des substances toxiques dans l'air, notamment les composés organiques volatils (COV). Des recherches scientifiques, réalisées par la NASA, nous montrent que :
- l'aloe vera et le philodendron éliminent environ 85 % du formaldéhyde retrouvé dans l'air, et neutralisent aussi le pentachlorophénol - l'azalée est bonne contre l'ammoniac
- le chrysanthème contre le trichloréthylène
- le chlorophytum contre le monoxyde de carbone
- le lierre contre le benzène.

Pour que cette méthode soit efficace, il faut compter au moins une plante tous les 9 m^2.

Evidemment, le danger existe selon le degré d'exposition, toutefois il est important de savoir que la plupart des ingrédients présents dans ces détergents sont cancérigènes et allergènes. Ils peuvent provoquer des dysfonctionnements dans l'organisme, en attaquant, par exemple, le système nerveux ou en causant des problèmes de fertilité. Selon le *Janitorial Products Pollution Prevention Program* (Programme de prévention de la pollution causée par les produits de nettoyage), un tiers des produits ménagers sont dangereux pour la santé. Ce chiffre fait froid dans le dos et encourage à être très vigilant.
Même en respectant les modes d'emploi des produits ménagers et en

les manipulant avec précaution (gants), le contact avec ces substances dangereuses reste imminent. En effet, les agents nettoyants s'évaporent très rapidement, libérant dans l'air leurs molécules que l'on respire et qui passent dans le sang. Le contact avec ces composants chimiques peut se faire par la peau, par les yeux ou par les voies respiratoires. Les personnes les plus sensibles sentent souvent leurs yeux ou leur nez gratter. Ils ont la peau irritée ou même les ongles fragilisés. Pourtant, malgré ces signes, on ne s'inquiète pas plus que cela et on continue à les utiliser par habitude. Quelles sont au juste ces substances chimiques que nous achetons et utilisons sans nous méfier ?

Les éthers de glycol

Les éthers de glycol appartiennent à un groupe appelé « composés organiques volatils » (COV). Les COV ont comme principale caractéristique une évaporation rapide à température ambiante. On en retrouve partout polluant l'air que nous respirons, aussi bien à la maison, au bureau, dans les lieux publics et même dans les crèches.
L'utilisation des éthers de glycol dans l'industrie est très répandue. Comme solvants, ils ont, entre autres propriétés, la faculté d'être dissolubles dans l'eau et dans les graisses, facilitant ainsi le nettoyage. Pour cette raison, ils sont souvent utilisés dans la fabrication de peintures (à base d'eau ou d'huile), de vernis, d'encres et de nettoyants liquides. Il existe différents types d'éthers de glycol et chaque dérivé est classé selon ses caractéristiques propres. Ainsi, certains de ces dérivés sont plus ou moins dangereux pour l'homme. Cette classification est très complexe et suscite des polémiques. En effet, un éther de glycol peut être considéré comme nocif pour la fertilité humaine dans un pays et pas dans un autre. Les recherches sur les effets et les conséquences de l'usage de ces substances au quotidien sont encore loin d'être terminées...

Les résultats connus de ces recherches ne laissent pourtant pas de place au doute quant au caractère nocif de ces éthers. Néanmoins, il reste difficile de déterminer si l'emploi occasionnel ou à petite quantité représente un danger pour l'utilisateur. La plupart des recherches sont réalisées sur des personnes en contact avec les éthers de glycol dans le cadre de leur travail et qui ont une exposition très fréquente et longue à ces composants. Sont dans ce cas les personnes qui travaillent dans les industries de la peinture, de l'automobile, de l'aéronautique ou des matières plastiques, mais aussi ceux qui travaillent dans les salons de coiffure ou dans les entreprises de ménage. La liste des professionnels concernés n'est pas exhaustive. Des études ont également fait un lien entre l'exposition de ces ouvriers à ces éthers et les dysfonctionnements et le développement de certaines maladies tels que la baisse de la fertilité (surtout chez les hommes), la malformation congénitale et certains types de cancer.

Le tableau ci-dessous, liste les produits contenant des éthers de glycol et les activités professionnelles exposées constamment à ces substances.

Activités où le risque d'exposition aux produits contenant des éthers de glycol est important

Type de produit	Activité
Peintures Encres Vernis Teintures	- Vernissage, fabrication d'emballages métalliques - Peinture sur matières plastiques - Industrie automobile : cataphorèse - Peintres-carrossiers - Industrie aéronautique - Industrie navale - Industrie du bâtiment (peintures, crépis, charpentes métalliques) - Imprimerie : sérigraphie, offset, tampographie - Industrie du meuble - Fabrication de circuits imprimés - Industrie textile - Teintureric - Ponts et Chaussées (bitume)
Colles et adhésifs	- Bâtiment - Emballage, transformation - Maroquinerie, chaussures
Produits d'entretien	- Femmes de ménage - Laveurs de voitures
Cosmétiques	- Coiffures - Parfumeries - Esthétique corporelle
Phytosanitaires	- Agriculture
Produits photographiques	- Photographie

Source : *Santé et sécurité au travail dans la région de Provence-Alpes-Côte d'Azur,* http://www.sante-securite-paca.org/

L'usage des éthers de glycol est, bien entendu, de plus en plus contrôlé par les lois françaises et européennes. Ces lois limitent la quantité de ces substances dans les produits commercialisés et déterminent aussi des normes d'étiquetage. L'Agence française de sécurité sanitaire des produits de santé, par exemple, restreint, depuis novembre 2005, la concentration de certains éthers de glycol dans les produits cosmétiques. Ils sont aussi considérés comme des substances qui, mélangées à d'autres, peuvent avoir des effets toxiques préoccupants pour le développement de l'homme. Selon l'Institut national de recherche et de sécurité pour la prévention des accidents de travail et des maladies professionnelles, aucun des éthers de glycol n'est reconnu comme une substance qui peut par exemple altérer la fertilité humaine. Si la réglementation se durcit, dans certains cas, elle peut donc se montrer floue. Cette situation compliquée nous montre qu'il y a encore du chemin à parcourir, surtout dans le domaine de l'information et de la prévention du public.

Quelle que soit la subtilité de ces classifications et des lois existantes, le fait est que ces substances sont présentes dans beaucoup de produits que nous manipulons quotidiennement. Les éviter radicalement peut s'avérer être une tâche ardue... D'autant plus que, selon la Direction générale de la santé du ministère de la Santé, identifier à l'heure actuelle un produit qui contient des éthers de glycol uniquement par son étiquette n'est pas très simple (http://www.sante.gouv.fr/htm/dossiers/ethersglycol/). D'une part, il faut s'y connaître un minimum et d'autre part, même si la législation contrôle les étiquetages, la plupart des éthers de glycol ne sont pas notés sur les étiquettes ! En outre, la loi autorise toujours l'utilisation de certains éthers de glycol sans que ce soit obligatoire de le signaler sur le produit fini par une étiquette.

Que faire devant un tel manque d'information ? Certes, ne pas s'exposer longtemps aux éthers de glycol réduit les risques d'avoir des problèmes de santé. Néanmoins, il vaut mieux prévenir ! Sur toutes les étiquettes des produits d'entretien se trouvent des symboles qui indiquent la présence de substances irritantes et/ou nocives. Ce sont ces croix noires sur fond orange. Même si nous n'y prêtons pas beaucoup attention, ces étiquettes et ces sigles ne sont pas là pour rien ! Les produits d'entretien sont fabriqués à partir de substances chimiques nocives. Cela mérite donc plus de considération de notre part. Surtout si, dans votre foyer, il y a des enfants ou des femmes enceintes. La meilleure façon d'écarter le danger reste encore de s'informer sur les produits qu'on achète. Savoir identifier les produits qui contiennent ces substances nuisibles et les remplacer de façon efficace est le moyen le plus simple pour lutter efficacement contre la pollution de l'air intérieur de votre maison.

Le 2-Butoxyéthanol (2-BE)

Le 2-Butoxyéthanol (2-BE) est un éther de glycol qui entre dans la fabrication de nombreux produits d'entretien, comme les lave-vitres, les nettoyants pour moquettes, les détachants et les dégraissants pour pièces métalliques. Il est aussi employé dans l'industrie cosmétique, notamment dans les colorants pour cheveux. C'est ce type d'éther de glycol que nous retrouvons très souvent dans nos produits de ménage et de beauté. Prenons garde, car, comme les autres éthers de glycol, il peut être nocif. Il parvient facilement dans notre organisme par la peau ou par les voies respiratoires.
Aujourd'hui, les lois sont plus restrictives et limitent l'utilisation du 2-BE. En France, par exemple, le 2-Butoxy-éthanol ne peut être utilisé dans les teintures capillaires qu'à concentration de 2 à 4 %. Mais, malgré ces restrictions et le contrôle de l'utilisation du 2-BE, cette substance reste encore très répandue.

Quantité de 2-Butoxyéthanol présente dans les produits d'usage régulier			
Type de produit de consommation	**Teneur moyenne en 2-BE dans le produit**	**Pourcentage du marché total de 2-BE ***	**Valeur estimation du total des utilisations de 2-BE au Canada en 2002 (tonnes)**
Nettoyants et dégraissants	5-10 %	19 %	~ 285
Nettoyants pour vitres	10-30 %	11 %	~ 164
Nettoyants et dégraissants pour pièces de moteurs ou de véhicules automobiles	15 %	4,7 %	~ 71
Nettoyants pour tapis et meubles, et pour l'intérieur de véhicules automobiles	11 %	1,4 %	~ 21
Autres catégories de produits de nettoyage (combinées)	1-28 %	4,7 %	~ 71
Autres utilisations de produits de grande consommation, notamment des solvants, des produits d'hygiène personnelle et des pesticides de grande consommation	1-40 %	21 %	~ 318
Peintures et revêtements	• autres que les aérosols : 6 % • aérosols : 8 %	30 %	~ 485

*Le pourcentage des utilisations totales de 2-BE est fondé sur les modes d'utilisation en Amérique du Nord, ainsi que sur les valeurs estimées des utilisations de 2-BE en tonnes/année pour 2002.

(Source : http://www.ec.gc.ca/nopp/DOCS/consult/2-Butoxyethanol/RMS_2-BE_F.pdf)

Le formaldéhyde

Le formaldéhyde est, comme les éthers de glycol, une substance qui appartient à la famille des composés organiques volatils (COV). On le trouve dans la fumée produite par les cigarettes, les bougies et les encens, mais aussi dans la composition de certains produits d'entretien comme les liquides-vaisselle et les lingettes nettoyantes. En effet, ce composant possède des propriétés désinfectantes. Son usage dans l'industrie n'est pas limité à cela : il est aussi utilisé dans la production de produits d'hygiène corporelle, de cosmétiques et d'insecticides.

Ce produit qui irrite les voies respiratoires et les yeux a été classé cancérigène par l'Organisation mondiale de santé en 2005. Néanmoins, c'est seulement en 2007 que la France a demandé que le formaldéhyde soit également classé au niveau européen. Cette requête a aussi donné lieu à des polémiques puisque l'Allemagne, l'Angleterre et les Pays-Bas ont refusé de changer le classement sur leur territoire, alors qu'il est considéré dans ces mêmes pays « cancérigène pour les animaux ».

L'acide chlorhydrique

L'acide chlorhydrique est un liquide légèrement jaune-vert souvent présent dans la composition des produits de nettoyage pour la salle de bains, par exemple, les gels liquides pour nettoyer les toilettes, avec leur fameux bidon en forme de bec de canard. Cet acide a en particulier des propriétés anticalcaires et détergentes intéressantes pour ce genre de produit. L'acide chlorhydrique est aussi vendu sur le marché sous forme de solution. C'est une substance pure diluée dans l'eau dans une proportion qui varie de 10 à 34 %.

Si ce produit est utile pour nettoyer et même désinfecter, il est aussi très corrosif. En effet, la substance elle-même et ses vapeurs ont un effet très corrosif sur les tissus humains. Le contact de la peau avec l'acide chlorhydrique, des voies respiratoires ou des yeux peut s'avérer très dangereux. L'utilisation de ce produit pour le ménage mérite de redoubler d'attention. Le mélange avec d'autres produits, comme l'eau de Javel par exemple, peut même engendrer la formation de gaz très toxiques !

Le paradichlorobenzène

Le paradichlorobenzène est présent dans des produits comme les antimites, les blocs toilettes (le panier qu'on place au rebord de la cuvette pour avoir des toilettes qui sentent bon...) ou les désodorisants d'atmosphère. Depuis avril 2004, le paradichlorobenzène est classé cancérigène. Cette substance peut produire divers effets nuisibles sur notre organisme : irritation des yeux, de la peau et des voies respiratoires. Il peut même avoir des effets néfastes sur le système nerveux central, sur les reins et le foie. Autrement dit, c'est un vrai poison !

La soude caustique

Les produits dégraissants lourds, comme les produits pour décaper le four par exemple, ou les déboucheurs de canalisation ont souvent dans leur composition de la soude caustique. Même si la soude caustique est fabriquée à partir du carbonate de sodium, ses propriétés n'ont rien de semblable à celles du bicarbonate de soude ou à celles du carbonate de sodium lui-même. Au contraire, la soude caustique est une substance irritante et corrosive pour la peau, les yeux et les voies respiratoires. En effet, la plupart des produits pour décaper le four sont des aérosols, des gouttelettes peuvent rester en suspension dans l'air et imprégner le four rendant leur inhalation et leur ingestion très facile.

Le toluène

Le toluène est une substance dérivée du benzène qui a des propriétés désodorisantes. Pour cette raison, il est souvent présent dans les assainisseurs d'air intérieur en aérosol, mais aussi en version électrique que l'on branche à une prise ou dans les bougies parfumées. Ces produits répandent peut-être un parfum agréable dans votre maison, mais ils ne font en réalité que masquer les mauvaises odeurs existantes, sans résoudre le problème. L'odeur du tabac ou des moisissures ne va pas disparaître, mais elle va être cachée et se mélanger au parfum propagé. Surtout, le toluène est nocif pour la santé, il entraîne des troubles nerveux, psychiques, des irritations de la peau, des yeux et des problèmes respiratoires. Le toluène a également été classé parmi les produits pouvant causer des troubles de la fertilité. Pour cette raison, depuis 2007, son usage dans les produits est très contrôlé, même si son emploi n'est pas complètement interdit.

Le trichloréthylène

Le trichloréthylène est un solvant qui est utilisé pour dégraisser les pièces métalliques et pour détacher les vêtements. Depuis 1995, cette substance a été classée cancérigène et sa vente a été interdite aux particuliers. En effet, cette substance est toxique et attaque le système nerveux, pouvant même entraîner le coma, voire la mort dans certains cas. Malgré son caractère très dangereux, cette substance est encore utilisée dans l'industrie, même si elle est de plus en plus remplacée par d'autres solvants moins dangereux. En tout cas, il est bon de savoir que nous ne sommes pas encore totalement à l'abri de ce poison. D'ailleurs, certains pressings utilisent encore ce solvant pour le nettoyage à sec... Renseignez-vous !

Produits d'entretien qui polluent l'air intérieur des maisons, et à l'origine de certains problèmes de santé
(Attention spéciale aux femmes enceintes et aux enfants !)

Type de produit	Possibles composants	Possibles effets sur la santé
• nettoyants pour vitres • nettoyants pour tapis et pour l'intérieur de la voiture • nettoyants et dégraissants multi-usage	2-butoxyéthanol (éther de glycol)	• absorbé par la peau et par les voies respiratoires • problèmes liés à la fertilité • malformations congénitales
• lingettes • détergent vaisselle • désinfectants • encens, bougies parfumées	formaldéhyde	• absorbé par la peau et par les voies respiratoires • classé cancérigène pour les animaux (Europe), pour les hommes (Etats-Unis)
• nettoyants de salle de bain	acide chlorhydrique	• absorbé par la peau, les yeux et par les voies respiratoires • action corrosive • production de gaz toxique en contact avec l'eau de javel

• antimites • blocs toilettes • désodorisants d'atmosphère	paradichlorobenzène	• classé cancérigène • irritant pour la peau et voies respiratoires • problèmes liés au système nerveux, reins et foie
• décapant pour four • déboucheurs de canalisation	soude caustique	• absorbé par la peau et par les voies respiratoires • action irritante et corrosive
• désodorisants d'atmosphère	Toluène	• problèmes liés à la fertilité • irritant pour la peau et voies respiratoires • problèmes liés au système nerveux
• détachant à sec(usage industriel)	Trichloréthylène	• substance cancérigène • substance toxique • problèmes liés au système nerveux

Ces symboles font partie du Système européen de signalisation :

Nocif : substances ou préparations nocives

Toxique : substances ou préparations toxiques

Facilement inflammable :
substances ou préparations inflammables

Corrosif : substances ou préparations corrosives

Dangereux pour l'environnement :
substances ou préparations dangereuses pour l'environnement

Notre « arsenal chimique » et les problèmes environnementaux qu'il pose

Il est important de se préoccuper de l'air intérieur de nos maisons, mais il faut aussi s'inquiéter de nos déchets ménagers... Car oui, il y a urgence ! La planète appelle au secours et nous sommes tous concernés. Depuis 1950, l'industrie chimique a lancé sur le marché de nombreux composants synthétiques qui sont déversés chaque jour dans la nature. Ces substances font partie de notre vie quotidienne et peuplent nos placards, nos trousses cosmétiques, nos armoires à pharmacie, nos boîtes à outils et nos produits de jardinage. Sans la savoir, nous avons tous chez nous un véritable arsenal chimique ! Il peut paraître un peu absurde et exagéré de penser que lorsqu'on met en route une lessive ou quand on repeint son salon, on court un risque quelconque. C'est faux... ! C'est seulement en 1981 que la réglementation et l'évaluation systématique des substances chimiques commercialisées ont été mises en place. Néanmoins, cette réglementation n'est pas rétroactive, ce qui veut dire que toutes ces substances produites avant cette date n'ont jamais été évaluées !

Or, cela représente environ 90 % des substances que l'on consomme tous les jours... La Commission européenne se bat contre les lobbies des industries chimiques pour tenter de faire évoluer cette situation. En octobre 2003, une proposition de réglementation a été lancée, le *REACH* (en français : Enregistrement, évaluation et autorisation des produits chimiques). Malheureusement, la mise en place du *REACH* avance tout doucement.

Si nous n'avons que très peu d'informations concrètes concernant les conséquences sur notre santé de l'emploi de ces composants chimiques, il est néanmoins avéré que certains sont nocifs pour l'environnement. On les retrouve dans de nombreux écosystèmes. Ainsi, les dauphins, les baleines, les ours polaires, les poissons font partie de ces animaux qui voient le fonctionnement de leur organisme perturbé par ces produits qui n'existent normalement pas dans leur environnement. Si diverses réglementations permettent de limiter en partie les déchets chimiques industriels, en revanche le contrôle de cette « poubelle chimique » que nous produisons est beaucoup moins rigoureux. Imaginez ce que représentent toutes ces eaux usées, contenant de la lessive, de l'eau de Javel, des dégraissants, etc. et qui terminent dans les cours d'eau ! Les stations d'épuration ne suffisent pas à les éliminer. Passons en revue nos placards. Posons-nous ces questions : que se passe-t-il quand on verse un seau rempli de produits pour nettoyer le sol, lorsque nous faisons la vaisselle, ou tirons la chasse d'eau que nous venons de désinfecter ?

REACH : enregistrement, évaluation et autorisation des produits chimiques. Un projet nécessaire !

Après avoir passé en revue la réglementation sur les produits chimiques fabriqués et commercialisés en Europe, la commission européenne, lance en 2003 son projet *R.E.A.C.H.* A peine cette idée a vu le jour qu'elle a généré une série de polémiques. Les industries chimiques, formant un lobby très puissant, estimaient que le coût de cette opération était trop élevé et que les petites entreprises pâtiraient les premières de ces nouvelles dépenses. Les débats ont perduré jusqu'en 2006, jusqu'à ce que le conseil des ministres de l'Union européenne décide malgré tout d'adopter le projet.

La nécessité de ce projet en Europe est évidente : trop de substances restent méconnues et la réglementation n'est pas assez ferme. Ainsi, avant ce projet, lorsqu'une substance était reconnue dangereuse (cancérigène, par exemple), elle n'était pas forcement retirée du marché. Il suffisait de « maîtriser les risques », c'est-à-dire de préciser les conditions et les limites d'utilisation ainsi que sa biodégradabilité. Le *R.E.A.C.H* a pour objectif de changer cette situation, en se basant sur une meilleure connaissance de la production de l'industrie chimique.

Les trois principes du REACH :

- Enregistrer : il est obligatoire pour les producteurs et les importateurs de produits chimiques d'enregistrer dans la base de données *R.E.A.C.H*, les produits qu'ils commercialisent. Cette base est gérée par l'Agence européenne des substances chimiques. L'enregistrement a débuté en 2007 et finira en janvier 2009.
- Evaluer : à partir des informations enregistrées dans la base de données, l'Agence européenne des substances chimiques va classer les substances, en distinguant les plus dangereuses : les non biodégradables, les bio accumulables (celles qui se fixent sur les tissus des êtres vivants), les cancérigènes, celles qui causent des mutations génétiques et celles qui sont nocives à la fertilité.
- Autoriser : les substances citées ci-dessus ne doivent être produites ou utilisées par l'industrie que si et seulement si l'Agence l'autorise, sinon la substance restera interdite. Ce point est un sujet qui fait toujours débat. ONG, syndicats et médecins se battent pour que le principe soit plutôt celui de la substitution. Ainsi, le développement de nouvelles substances chimiques non nocives serait encouragé et on pourrait enfin envisager la disparition de ces substances dangereuses.

Faire la vaisselle...

Ce détergent est le produit le plus couramment utilisé. Il est fabriqué à partir d'agents nettoyants, de colorants, de conservateurs, de parfums synthétiques et parfois même de désinfectants. Parmi les agents nettoyants du liquide vaisselle, on trouve des tensioactifs synthétiques fabriqués à partir du pétrole. Ces types de tensioactifs permettent la formation de mousse et provoquent la rupture de l'adhésion entre les saletés et les supports. Cependant, ces tensioactifs agissent de la même façon sur notre peau : ils enlèvent la fine couche de graisse naturelle qui nous protège contre les dessèchements et les irritations.
Ces tensioactifs synthétiques ne sont pas bien biodégradables, c'est-

à-dire qu'aucun organisme biologique n'est capable de les dégrader et de permettre leur intégration dans la nature. Depuis 2005, le règlement européen impose une « biodégradabilité primaire » de 80 % et une « biodégradabilité finale » (après 28 jours) de 60 % à ces composés chimiques. En gros, si les tensioactifs se dégradent à 60 % dans l'environnement, ils sont considérés biodégradables. Or, les industries productrices de produits ménagers ne sont pas contraintes de préciser leur composition complète et exacte. On trouve souvent sur l'étiquette quelque chose du genre : « tensioactifs < 5 % ». Il est donc difficile de savoir, si le produit est ou non nocif pour l'environnement… Il faut aussi se méfier des produits qui font appel à des ingrédients naturels comme le savon de Marseille. Souvent, la quantité de ces ingrédients dans le produit fini est infime et a pour seul but de nous faire croire que l'on a affaire à un produit plus sain, plus naturel. Or, cet ajout ne modifie en rien le degré de biodégradabilité du produit final ! Tant que la réglementation ne sera pas plus rigoureuse, les tensioactifs synthétiques vont continuer à se balader dans nos cours d'eau.

En France, l'utilisation du phosphore sous forme de phosphate (combinaison d'atomes de phosphore et d'oxygène) dans la fabrication de lessives est, depuis 2007, interdite. Cependant, l'emploi de ce composant est toujours autorisé dans les détergents pour lave-vaisselle. Il est employé dans ce type de produit parce que le phosphate est un agent anticalcaire. Le phosphore est un élément qui existe dans la nature sans être nocif, toutefois il peut être très agressif pour l'environnement. Lorsqu'il est présent en excès dans l'eau, il cause un déséquilibre écologique grave. Les algues qui se « nourrissent » du phosphate se multiplient de façon non contrôlée, finissant par consommer tout l'oxygène des milieux où elles se développent. Les autres animaux de l'écosystème meurent asphyxiés. Des milliers de poissons et d'autres organismes disparaissent en raison de la contamination des eaux. Même si le phosphate peut être éliminé par les stations d'épuration, cela n'évite pas complètement la pollution des lacs, des rivières et des autres cours d'eau.

Faire la lessive…

Depuis 2007, le phosphate est donc interdit dans les produits pour laver le linge. Toutefois, quelques lessives demeurent très nocives pour l'environnement. En effet, la lessive est aussi une sorte de dégraissant et elle est fabriquée à partir de tensioactifs. Si les tensioactifs sont efficaces pour nettoyer, ils ne blanchissent pas le linge. Les lessives contiennent

donc aussi des agents blanchissants. Un de ceux utilisés par l'industrie est le perborate de sodium (ou de soude). Ce n'est pas le seul composant blanchissant existant : il existe aussi le percarbonate de sodium, qui est moins nocif pour l'environnement. Le problème avec le perborate de soude, c'est qu'une fois rejeté dans l'environnement, il libère du bore, un élément chimique qui, en excès, intoxique les plantes aquatiques.
Encore une fois, il est toujours difficile de savoir quels sont les composants des lessives qu'on achète, puisque trop souvent les étiquettes sont peu loquaces...

Une autre technique trouvée par l'industrie pour blanchir le linge est l'usage d'azurants optiques. Ces substances chimiques fonctionnent par un effet optique : elles absorbent les rayons ultraviolets émis par le soleil et réémettent de la lumière bleue. Ainsi, nous avons l'impression que le blanc est encore plus blanc ! En réalité, ces substances chimiques représentent seulement 1 % environ du volume de la lessive. Ils ne sont pas éliminés pendant le rinçage et, sont faiblement biodégradables, ainsi ils s'accumulent dans les sédiments des cours d'eau, les tissus des poissons et les racines des plantes.

Enfin, autre produit phare pour notre linge : l'assouplissant. Encore une fois, il faut faire attention à quel type de produit nous avons recours. En général, les assouplissants possèdent ce que l'on appelle des ammoniums quaternaires. Cette substance chimique, qui est aussi utilisée dans la composition des après-shampooings, a la propriété de séparer les fibres et les fils les uns des autres, ce qui rend le tissu plus souple et plus doux. Cependant, même si les ammoniums quartenaires sont partiellement biodégradables, ils restent très dangereux, tant pour l'environnement que pour l'homme, en raison de leur toxicité. Ayant la capacité d'être absorbés facilement, ils s'accumulent dans l'argile et se dégradent très lentement. Par ailleurs, ils sont très efficaces dans l'élimination des acides gras insaturés (les graisses d'origine végétale), et peuvent provoquer la mort.

Les tensioactifs d'origine naturelle et synthétique

L'utilisation de tensioactifs par l'homme remonte à des milliers d'années, lorsqu'un des premiers savons fut inventé : le savon d'Alep. En effet, les agents détergents contenus dans ce savon d'Alep ou dans le savon de Marseille, par exemple, sont des tensioactifs d'origine naturelle. Ces savons étaient fabriqués à partir d'une matière grasse végétale, comme l'huile d'olive, ou de graisse animale, et de natron (le carbonate de sodium). Avec le développement de l'industrie et le changement des standards d'hygiène, de nouveaux tensioactifs apparaissent et sont désormais élaborés à partir de produits dérivés du charbon et du pétrole.

Depuis 2003, la méthode de fabrication traditionnelle du savon de Marseille a été validée par l'Association française des industries de la détergence, de l'entretien et des produits d'hygiène industrielle. Cette méthode, fruit d'un savoir-faire ancien, retient, parmi ses principales règles, l'exclusion des tensioactifs de synthèse dans la fabrication du savon. Le savon de Marseille artisanal est un excellent produit qui, associé au bicarbonate de soude, peut faire des merveilles pour entretenir la maison, laver le linge, etc. !

Nettoyer le sol

Les produits nettoyants pour les sols sont également des détergents fabriqués à partir de tensioactifs synthétiques ou naturels. Les problèmes pour l'environnement et pour l'usager restent les mêmes que pour les produits pour la vaisselle. Les tensioactifs synthétiques constituent un grave problème quand ils se trouvent en quantité excessive dans l'environnement.

En parlant du nettoyage des sols et de l'environnement, on pense aussi à la question des lingettes... Si elles peuvent s'avérer très pratiques (pas besoin de seau d'eau, de produit, ou de serpillère, etc.), il ne faut pas oublier qu'elles multiplient (et beaucoup !) le volume de nos déchets. Selon l'ADEME, l'Agence de l'environnement et de la maîtrise de l'énergie, un ménage qui utilise régulièrement des lingettes, produit environ 20 kg de déchets supplémentaires par an. Nous parlons ici de toutes les sortes de lingettes : celles pour nettoyer le sol, les lingettes multi-usages, celles pour les bébés, pour se démaquiller, se nettoyer les mains, etc. Même celles sur lesquelles figure la mention « biodégradable » doivent être évitées ! Elles ne sont en réalité que partiellement biodégradables. Une fois jetées à la poubelle, elles finissent à la décharge, augmentant encore plus le volume des déchets. Si, comme l'indiquent certains fabricants, vous les jetez dans les WC, elles peuvent causer des dysfonctionnements du système d'épuration d'eau. En effet, le temps de biodégradabilité des lingettes est trop long pour qu'elles puissent disparaître avant de parvenir aux stations de traitement de l'eau. Les utiliser n'est donc pas une très bonne idée... D'autant plus que leur efficacité n'est pas évidente, notamment les lingettes nettoyantes pour les sols. Pour les avoir testées, nous pouvons dire qu'il faut au minimum une dizaine de lingettes pour bien nettoyer le sol d'une cuisine de 9 m^2... Ce n'est ni rentable, ni efficace.

Désinfecter

Les publicités pour les produits d'entretien utilisent souvent cette image du microscope pour montrer la nuée de bactéries autour des toilettes, de l'évier, et des surfaces sales. Selon ces pubs, il faut à tout prix se débarrasser de ces vilaines bêtes, les tuer toutes, en un mot : désinfecter ! Pour cela, on nous propose de l'eau de Javel, des blocs WC et d'autres produits contenant de l'hypochlorite de sodium (un des composants de l'eau de Javel). Mais désinfecter ce n'est pas nettoyer, c'est tuer des bactéries qui ne sont pas forcement mauvaises pour notre organisme. Au contraire !

L'être humain et les milliers de bactéries existantes dans l'environnement peuvent parfaitement cohabiter. D'ailleurs, nous en hébergeons tous dans notre organisme ! A trop vouloir nettoyer, on se surprotège et notre corps ne fait plus d'effort pour développer ses anticorps. On finit par attraper dehors tous les microbes qui passent, par développer des allergies, etc. Evidemment, cela ne veut pas dire qu'il faut vivre dans une porcherie ! Certaines bactéries sont bien sûr nocives, mais l'utilisation régulière de ces produits détergents ne fait qu'augmenter leur résistance. De plus, la « re-contamination » de la pièce qui vient d'être nettoyée se fait en quelques minutes. Il suffit que quelqu'un qui vient de l'extérieur marche avec ses chaussures, que le chien traverse le salon, etc. Désinfecter ne veut donc pas dire grand-chose ! En revanche, il est clair que les produits désinfectants sont très nocifs pour l'environnement.

L'eau de Javel, par exemple, est produite à partir du l'hypochlorite de sodium. C'est une solution aqueuse d'hypochlorite de sodium généralement obtenue par la réaction du chlore sur la soude caustique. L'hypochlorite de sodium est une substance corrosive et très dangereuse pour l'environnement. L'eau de Javel en vente dans les supermarchés possède une concentration maximale de 10 % de chlore et de 1,5 % d'hydroxyde de sodium libre. Cela peut paraître peu, mais cela suffit pour polluer. Le chlore libéré par l'eau de Javel s'accumule dans la faune et la flore, causant des mutations préjudiciables à la chaîne de survie des organismes. Sans parler des dangers que court une personne qui utilise l'eau de Javel avec négligence, sans prendre de précautions (gant, dilution avec de l'eau). De plus, le mélange de l'eau de Javel avec un produit acide (un produit détartrant, comme les gels liquides pour WC, par exemple) provoque une réaction chimique qui libère le dichlore, un gaz mortel. D'ailleurs, ce gaz était utilisé comme gaz de combat pendant la Première Guerre mondiale.

Toujours au sujet des désinfectants, parlons des blocs et des gels pour WC. Beaucoup utilisent ces produits en raison de leur parfum et de leur action désinfectante. Or, leur parfum, rappelons-le, ne s'attaque pas à la source des mauvaises odeurs, mais simplement les masque. Quant à son action désinfectante, nous avons vu que la manie de tout désinfecter peut être un piège. Il faut être conscient qu'à chaque fois qu'on active la chasse d'eau d'un WC qui contient un bloc WC, des substances chimiques très nocives sur les écosystèmes aquatiques sont rejetées dans les cours d'eau. En outre, ces substances ne peuvent pas toujours être traitées dans les stations d'épuration d'eau. Les gels au bidon en forme de bec de canard, très populaire, sont quant à eux composés, entre autres substances, d'agents tensioactifs et d'acides comme les acides chlorhydriques, sulfuriques, phosphoriques, qui sont capables de dissoudre le tartre. Ces composants sont aussi de très grands polluants de l'eau.

Le bicarbonate de soude : alternative saine et écologique

Alors, nettoyer peut polluer ? Plus que cela : cela pollue même l'air de notre propre maison ! Même si l'on n'est pas un maniaque du ménage et que l'on n'abuse pas de produits ménagers, on est forcément en contact avec des substances plus au moins toxiques. Et, comme nous l'avons vu, si cela ne nous cause pas une gêne immédiate, les conséquences environnementales sont de plus en plus visibles.

De plus en plus, dans les supermarchés, on nous propose des produits d'entretien « verts », « bios » et avec des écolabels. Dans un article sur le site Internet de l'organisation *WWF* (World Wide Fund for Nature), le directeur adjoint de l'Institut français d'opinion publique et d'études de marché, Alain Renaudin, commente les résultats d'un sondage : « Ils (les Français) sont 93 % à estimer que les produits d'entretien présentent un risque pour l'environnement/la nature (dont 60 % à en être convaincus) ; ils sont 82 % à estimer que les produits d'entretien présentent également un risque pour la santé des consommateurs (dont 43 % à en être convaincus). » Néanmoins, de tous les produits d'entretien consommés par les ménages français, seuls 3 % sont des produits bio. La raison de ce paradoxe tient au prix encore élevé des produits bio et écologiques que l'on trouve sur le marché.

Pour ceux qui peuvent se permettre d'en acheter, les produits bio sont toujours de meilleurs remplaçants des produits conventionnels. Toutefois, il faut toujours se méfier. Certains produits dits « verts » contiennent en réalité plus ou moins un certain pourcentage de produits nocifs. Parfois, même si on lit les étiquettes, on s'aperçoit que la différence avec des produits classiques est infime. Par ailleurs, un certain nombre de ces produits contiennent des dérivés de pétrole et ne sont pas vraiment biodégradables. Pour garantir un bon achat, rien ne vaut un examen attentif des étiquettes et des labels écologiques (cela vaut aussi pour les cosmétiques !), voire même d'aller en magasins spécialisés comme les magasins bio, pour se fournir en produits d'entretien véritablement écologiques.

Quelques curiosités sur les habitudes des ménages françaises...

→Chaque foyer français dépense en moyenne 220 euros en produits d'entretien chaque année.
→Seulement 7 % des Français estiment connaître exactement quels sont les composants des produits d'entretien qui représentent un risque ; 47 % estiment connaître vaguement ces composants.
→La France est, avec la Belgique, le seul au pays au monde à commercialiser des berlingots d'eau de Javel concentrée.
Ceux-ci représentent 60 % des ventes d'eau de Javel domestique.
→Les Français sont les plus gros consommateurs de lingette en Europe : la consommation moyenne par semaine est de 7 lingettes ! Ils en consomment 25 fois plus que les Anglais et 3 fois plus que les Espagnols ou les Italiens. 4 foyers sur 10 utilisent des lingettes pour l'entretien de la maison.
↳Malgré tout cela : 83 % des Français se déclarent inquiets lorsqu'ils pensent à l'avenir de la planète et à l'environnement. 10 % des Français affirment déjà boycotter systématiquement les entreprises qui polluent et ne respectent pas les règlementations en matière d'environnement !

Enquête TNS Sofres sur les Français et l'environnement : http://www.sofres.com

Pour ceux qui achètent déjà des produits bio et pour ceux qui ont envie de s'y mettre, le bicarbonate de soude est une excellente alternative pour arrêter de polluer et vivre dans une ambiance plus saine : il est facile à utiliser, efficace et économique. Associé à d'autres produits naturels comme le vinaigre, le citron et le savon de Marseille, ou bien employé seul, le bicarbonate de soude remplace parfaitement (ou diminue) l'usage de la plupart des produits détergents qui se trouvent dans nos placards. Et ce n'est pas tout, c'est aussi un excellent produit dans des domaines aussi variés que les cosmétiques, le jardinage, l'hygiène des animaux, l'hygiène personnelle…

Tout est bon pour l'utiliser ! Il suffit d'en avoir à portée de main et de connaître toutes les manières de l'utiliser. Non seulement, on contribue à la protection de l'environnement, mais en plus on préserve sa santé et celle de notre entourage et.... on fait des économies ! Faites le test ! Les produits d'entretien coûtent relativement chers, et il en faut une certaine quantité, alors qu'il suffit d'une ou deux cuillerées à soupe de bicarbonate pour nettoyer de fond en comble une cuisine. Ce produit étonnant va trouver une place de choix dans vos placards désormais vides (en plus, vous allez gagner de l'espace de rangement !). Avec d'autres produits naturels comme le vinaigre et le savon de Marseille, ou employé seul, le bicarbonate remplace (ou diminue) l'usage de la plupart des produits qui se trouvent dans vos placards. Et ce n'est pas tout : cosmétique, jardinage, hygiène des animaux, hygiène personnelle… tout cela peut être fait avec un seul produit. Il suffit d'avoir un peu de bicarbonate à la maison pour avoir à portée de main des centaines de solutions ! Autre avantage…C'est très économique !

BICARB.
SODA

Les 1001 recettes & astuces économiques & écologiques !

La réponse à cette question est simple : le bicarbonate de soude est multi-usage ! Grâce à lui, on peut enlever les graisses incrustées dans les casseroles, faire une lessive plus écolo, neutraliser des odeurs désagréables, retirer le tartre des faïences, traiter les plantes, confectionner de délicieux gâteaux… Et la liste n'est pas exhaustive ! Si avec le bicarbonate on peut presque tout faire, c'est grâce à ses propriétés chimiques. Comme nous l'avons vu, c'est un élément abrasif et donc un bon nettoyant ; il a un pH basique, ce qui lui permet de neutraliser les acides ; il empêche le dépôt des minéraux contenus dans l'eau ; il peut également être un agent levant. Faire le ménage, la cuisine ou s'occuper de votre jardin, c'est aussi faire un peu de chimie ou de la cuisine ! On mélange les ingrédients pour obtenir une solution lavante. Verser un ingrédient basique sur des graisses acides, pour les éliminer ; ajouter un peu de bicarbonate dans l'eau pour empêcher l'agglutination du tartre ; mettre une pincée de bicarbonate dans un gâteau pour faire lever la pâte, etc.

Comment s'y prendre ? Dans les pages qui suivent, vous allez découvrir de nombreuses les recettes à base de bicarbonate et comment les fabriquer, il suffit de très peu de choses et d'ingrédients. La majorité des recettes sont simples à réaliser et très économiques. Dans les encadrés, vous trouverez des recettes phares, celles que vous pouvez fabriquer et conserver pour pouvoir utiliser le bicarbonate à tout moment. En ayant quelques produits préparés d'avance, vous pouvez éliminer tous, ou presque tous, les produits conventionnels de ménage ! Vous aurez ainsi vos propres produits « fait maison », confectionnés avec du bicarbonate de soude, du vinaigre, du savon de Marseille, du sel de cuisine, du citron… Bref, rien qu'avec des produits naturels 100 % biodégradables et sains !
Ces recettes vont contribuer non seulement à vous faciliter la vie et les travaux ménagers souvent pénibles, mais aussi à rendre l'atmosphère de votre maison plus saine. C'est aussi une manière de s'engager pour préserver notre planète ! Tout est une question d'habitude : essayez et vous verrez qu'il n'y a rien de plus pratique qu'avoir un petit paquet de bicarbonate dans le placard et… au boulot !

Le bicarbonate pour les tâches ménagères :

rien de plus pratique !

Le principe est simple : le bicarbonate est un produit multi-usage qui a un avantage sur presque tous les autres produits conventionnels, il est non toxique. Il y a trois principales façons pour l'employer dans les tâches ménagères. La première, c'est en diluant le bicarbonate dans l'eau pour produire une solution ; la deuxième, en confectionnant une pâte composée de bicarbonate et d'eau ; la troisième, en employant tout simplement le bicarbonate sec, dans son état pur.
En général, la solution de bicarbonate sert à laver, la pâte à désincruster les saletés et faire briller. Le bicarbonate sec pur peut être utilisé à diverses fins : éliminer des odeurs, détacher. Il peut aussi être associé à d'autres ingrédients, comme le citron ou le vinaigre blanc par exemple, pour dégraisser, déboucher, détartrer, etc.

Les recettes présentées sont très faciles à confectionner et aussi très économiques. La plupart des matériaux et des ingrédients employés sont d'usage courant et, souvent, vous les avez déjà dans vos placards ! Le bicarbonate de soude est biodégradable et inoffensif pour la santé. Plusieurs recettes proposent donc des combinaisons avec d'autres ingrédients. Une mise en garde toutefois, même si l'on reste écologiques en utilisant uniquement des ingrédients naturels, il est recommandable de toujours garder ces produits ménagers, même le bicarbonate, hors de portée des enfants et des animaux !

Vous en connaissez déjà pas mal sur le bicarbonate de soude. Désormais, ce n'est plus un produit inconnu pour vous. Découvrez les meilleures manières de vous en servir.

Astuce...

Comment utiliser le bicarbonate de soude ?

En solution :
En général, la proportion est de 4 cuillerées à café de bicarbonate diluées dans 1/4 de litre d'eau tiède (cela correspond environ à un verre d'eau). Cette proportion cependant peut varier selon chaque recette.
Attention, il ne faut pas que l'eau soit bouillante ! A partir de 60 °C, les liaisons chimiques se défont et le bicarbonate de soude se dissout... et perd ses propriétés.

En pâte :
Dans un verre ou un petit bol, verser un peu de bicarbonate de soude. Verser doucement de l'eau tiède en remuant. Ajouter de l'eau en quantité suffisante pour obtenir une pâte homogène, ni trop liquide, ni trop épaisse. Compter environ trois mesures de bicarbonate pour une d'eau.

Pur :
Saupoudrer une pincée de bicarbonate de soude sec directement sur la surface à nettoyer ; utiliser autant que nécessaire.

Pour la cuisine :

> *Les équipements de la cuisine :*

▸ Nettoyer le comptoir et les planches à découper :

Il est connu que pour éliminer des taches sur une surface en formica ou sur une autre matière plastique, le jus de citron ou le vinaigre fonctionnent bien. Cela vaut aussi pour les planches à découper en plastique, en bois ou en verre. Pour améliorer les résultats, ajoutez un peu de bicarbonate de soude !

» *Matériel*
- Une éponge ou un torchon

» *Liste des ingrédients*
- Jus de citron ou vinaigre blanc (autant que nécessaire)
- Bicarbonate de soude (autant que nécessaire)

Au travail !
- Verser le jus de citron ou le vinaigre sur la surface à nettoyer et laisser agir pendant une demi-heure.
- Saupoudrer la surface avec un peu de bicarbonate.
- Frotter avec l'éponge ou le torchon.
- Rincer avec de l'eau et sécher.

Cette méthode est très efficace pour enlever les taches d'encre, de jus de fruits, de moutarde ou de thé, par exemple. En plus, il n'y a rien de mieux pour enlever les odeurs de cuisine comme l'ail, l'oignon, ou le poisson, etc.

Voici une autre recette pour un nettoyage plus rapide :

» *Matériel*
- Une éponge

» *Liste des ingrédients*
- Bicarbonate de soude (autant que nécessaire)

Au travail !
- Saupoudrer le bicarbonate pur sur l'éponge humide.
- Frotter la surface, rincer et sécher.

Le bicarbonate de soude dans la cuisine

A chaque fois que vous appliquez un spray multi-usage sur la gazinière, sur le comptoir ou le plan de travail, de nombreuses substances chimiques réagissent avec le bois, l'inox ou le formica. Ces substances vont ensuite s'évaporer (et vous les respirez !).

N'est-il pas plus réconfortant de savoir que l'on nettoie ces zones sur lesquelles on mange et où on découpe la nourriture avec un produit qui est 100 % naturel ?

▸ Nettoyer le réfrigérateur :

Il est important de garder le réfrigérateur toujours propre pour éviter que les bactéries se développent en excès et que de mauvaises odeurs s'installent. Mais, attention, on ne peut pas nettoyer cet endroit comme n'importe quel autre : la nourriture y est stockée et les parois sont fragiles. L'avantage du bicarbonate est qu'il est naturel et sans risque pour la santé. De plus, il n'est pas corrosif et désodorise le réfrigérateur.

» *Matériel*
• Une éponge

» ***Liste des ingrédients***
• Pâte de bicarbonate de soude

Au travail !
Appliquer la pâte de bicarbonate de soude sur l'éponge humide et procéder au nettoyage de l'intérieur du réfrigérateur.

▸ Nettoyer le four :

La plupart des produits décapants pour four sont extrêmement toxiques. Ils facilitent le ménage, car la soude caustique qu'ils contiennent détache les graisses. Mais à quel prix ! Après leur évaporation, on respire leurs substances irritantes. En plus, la chaleur du four propage les résidus du détergent qui contaminent notre nourriture. La pâte de bicarbonate remplace parfaitement ces produits chimiques nocifs :

1ère recette :
» *Matériel*
• Une éponge

» ***Liste des ingrédients***
• Une bonne quantité de pâte de bicarbonate de soude

Au travail !
- Appliquer la pâte de bicarbonate de soude et laisser agir pendant une nuit, voire 24 heures en fonction de la saleté du four.
- Frotter avec une éponge humide.

2ème recette :

» *Matériel*

- Un vaporisateur rempli d'eau
- Une spatule
- Une éponge
- Liste des ingrédients :
- 250 g de bicarbonate de soude
- 4 cuillerées à soupe de cristaux de soude (carbonate de sodium)
- Vinaigre blanc (autant que nécessaire)

Au travail !

- Mélanger le bicarbonate avec les cristaux de soude.
- Vaporiser de l'eau à l'intérieur du four assez abondamment.
- Couvrir les taches de graisse avec le mélange de bicarbonate et de cristaux de soude. La poudre va se coller aux parois mouillées.
- Vaporiser l'eau encore une fois sur le four et laisser reposer pendant une nuit.
- Enlever les graisses à l'aide d'une spatule.
- Pour finir, nettoyer l'intérieur du four avec une éponge imbibée de vinaigre.

En utilisant une de ces méthodes, il n'y a aucun risque de résidus toxiques dans le four !

Nettoyer les plaques électriques et la cuisinière :

Ceux qui possèdent des plaques électriques connaissent le problème ! Voici une excellente méthode pour enlever même les graisses incrustées les plus tenaces :

» *Matériel*

- Une éponge ou une brosse

» *Liste des ingrédients*

- Bicarbonate de soude (autant que nécessaire)

Au travail !

- Humidifier les plaques et ensuite les saupoudrer avec du bicarbonate.
- Frotter les graisses avec une éponge humide ou une brosse.
- Nettoyer avec une éponge.

▸ Nettoyer le micro-ondes :

Pour ne laisser aucune odeur dans le micro-ondes, il faut le nettoyer régulièrement. Attention, les produits conventionnels laissent des traces de substances chimiques ! Pour éviter cela, le bicarbonate de soude est une excellente alternative.

» *Matériel*
- Une éponge

» ***Liste des ingrédients***
- Bicarbonate de soude (autant que nécessaire)

Au travail !
- Saupoudrer du bicarbonate de soude pur sur l'éponge humide.
- Frotter la surface, rincer et sécher.

Si l'intérieur du micro-ondes est couvert de graisse, vous pouvez suivre cette recette simple :

» *Matériel*
- Un petit bol
- Une éponge

» ***Liste des ingrédients***
- Solution de bicarbonate de soude

Au travail !
- Verser la solution de bicarbonate de soude dans un petit bol.
- Faire marcher le micro-ondes de 3 à 5 min.
- Nettoyer l'intérieur avec une éponge.

▸ Entretenir le lave-vaisselle :

Un lave-vaisselle plein est synonyme d'économie et d'écologie ! Le problème, c'est que parfois le cumul de vaisselle sale dans la machine dégage de mauvaises odeurs. Il est facile de résoudre ce problème en suivant cette méthode :

» ***Liste des ingrédients***
- Bicarbonate de soude (autant que nécessaire)

Au travail !
Saupoudrer un peu de bicarbonate de soude sur la vaisselle ou au fond de la machine.

Pour éviter les dépôts de tartre qui peuvent abimer votre machine :

» *Liste des ingrédients*
• 50 g de bicarbonate de soude

Au travail !
Faire une fois par mois, un lavage à vide avec le bicarbonate de soude.

▸ Prévenir les dépôts de tartre dans la cafetière à filtre et dans la bouilloire :

La présence de tartre dans ces machines est un grand classique ! Avec le temps, le tartre s'accumule et cela peut endommager les machines. On connaît l'astuce du vinaigre blanc, un peu moins celle du bicarbonate. L'avantage est qu'il est sans odeur. Comme le bicarbonate neutralise le pH de l'eau et empêche les dépôts de tartre, c'est un produit parfait pour entretenir la cafetière et la bouilloire :

» *Liste des ingrédients*
• Solution de bicarbonate de soude

Machine à café :
Au travail !
- Faire fonctionner votre machine à café à vide, avec seulement une quantité généreuse de solution de bicarbonate.
- Vider la cafetière et la faire fonctionner encore une fois à vide, mais cette fois-ci seulement avec de l'eau pour enlever le goût salé du bicarbonate.

Bouilloire :
Au travail !
- Remplir la bouilloire d'une solution de bicarbonate de soude et laisser agir quelques heures.
- Bien rincer.

Un truc : placer une coquille d'huître propre au fond de la bouilloire, après l'avoir détartrée. C'est une façon efficace pour empêcher les dépôts de tartre de revenir.

Nettoyer le support à filtre de la cafetière électrique :

Voilà une bonne recette pour nettoyer une partie délicate de votre cafetière, le support à filtre.

» *Matériel*
- Une éponge végétale ou une vieille brosse à dents

» ***Liste des ingrédients***
- Bicarbonate de soude (autant que nécessaire)

Au travail !
- Mouiller le support à filtre et ensuite saupoudrer de bicarbonate de façon à couvrir tout l'intérieur.
- Laisser agir pendant quelques minutes.
- Brosser l'intérieur avec une éponge végétale ou une brosse à dents.
- Bien rincer et essuyer.

Nettoyer les boîtes en plastique qui gardent les aliments :

Souvent, il est difficile de retirer l'odeur dans les boîtes en plastique qui ont contenu de la sauce, par exemple. Pour faciliter le nettoyage et désodoriser toutes vos boîtes :

» ***Liste des ingrédients***
- Solution de bicarbonate de soude
- 1 cuillerée à soupe de vinaigre

Au travail !
- Tremper les boîtes dans une solution composée moitié de bicarbonate et moitié de vinaigre pendant au moins 15 min.
- Laver comme d'habitude.

Si les odeurs persistent, saupoudrer un peu de bicarbonate dans les boîtes déjà propres et laisser agir un bon quart d'heure. Enlever la poudre, rincer et essuyer. Laver avec la solution de bicarbonate de soude est aussi une bonne idée pour se débarrasser de l'odeur de plastique des ustensiles neufs comme les boîtes, les spatules, l'égouttoir à pâtes, etc.

▸ Enlever les taches de café et de thé sur les tasses et sur les bols :

Une bonne recette pour enlever les taches de café et de thé qui persistent dans les tasses et dans les bols :

» *Liste des ingrédients :*
• Solution de bicarbonate de soude

Au travail !
Laver les tasses avec une solution de bicarbonate de soude et un peu de liquide vaisselle. Si les taches ne partent pas, tremper les tasses dans la solution de bicarbonate de soude pendant une nuit avant de les laver.

▸ Nettoyer les pots à thé :

Si vous décidez de changer de thé, il vaut mieux bien laver votre pot à thé afin d'éviter que les odeurs et les goûts se mélangent :

» *Liste des ingrédients :*
• 4 cuillerées à soupe de bicarbonate de soude
• 1 verre de vinaigre blanc

Au travail !
Dans une grande casserole, faire bouillir de l'eau.
Laisser l'eau refroidir un peu et ajouter le vinaigre et le bicarbonate de soude. Mélanger.

Tremper le pot dans cette solution et laisser agir quelques minutes.
Rincer avec de l'eau courante et essuyer.

▸ Nettoyer les thermos :

Les thermos gardent l'odeur du liquide que vous avez l'habitude d'y mettre, alors quand vous décidez de changer de boisson... il y a un arrière-goût qui n'est pas toujours très agréable. Cette recette est excellente pour retirer toutes odeurs du thermos :

» *Liste des ingrédients :*
• Solution de bicarbonate de soude

Au travail !
Verser la solution dans le thermos, secouer et laisser agir pendant au moins 1 heure.

▸ Nettoyer la carafe d'eau :

Le tartre est toujours un problème pour les récipients qui sont souvent remplis d'eau. Pour améliorer l'aspect de votre carafe d'eau, et enlever les éventuels dépôts de tartre et les odeurs désagréables, il suffit de suivre cette recette :

» *Liste des ingrédients*
- Solution de bicarbonate de soude
- 1 cuillerée à soupe de jus de citron

Au travail !
- Verser la solution de bicarbonate et le jus de citron dans la carafe d'eau, laisser agir pendant au moins 1 heure.
- Rincer avec de l'eau.

▸ Nettoyer un blender :

Il est facile de nettoyer un blender, mais souvent l'odeur du liquide vaisselle persiste après le lavage. Pour éviter cela, suivez ce conseil :

» *Liste des ingrédients*
- 1 cuillerée à soupe bicarbonate de soude
- 1 goutte de liquide vaisselle

Au travail !
Remplir le blender à moitié d'eau.
Ajouter le bicarbonate de soude et une goute de liquide vaisselle.
Faire marcher le blender pendant quelques minutes. Jeter la solution et rincer.

▸ Maintenir les gants en caoutchouc toujours bien secs :

Les gants en caoutchouc sont des accessoires indispensables pour ceux qui ont envie de garder des mains belles et douces. Pour les garder longtemps et éviter qu'ils ne moisissent :

» *Liste des ingrédients*
- Bicarbonate de soude (autant que nécessaire)

Au travail !
- Saupoudrer régulièrement l'intérieur des gants avec du bicarbonate.

Recette clé ...

Nettoyant multi-usage fait maison : écologique et non toxique !

Voici une des meilleures recettes à base de bicarbonate de soude ! Ce produit multi-usage peut être utilisé pour tout nettoyer : la table, l'évier, le frigo, les WC, la poubelle, etc. Et en plus, c'est sans danger pour votre santé, simple à préparer et très économique.

Matériel :
1 bidon de 2 litres (vous pouvez utiliser un ancien bidon qui contenait un autre produit, mais, dans ce cas, il faut qu'il soit bien propre)
Entonnoir

Liste des ingrédients :
2 cuillerées à soupe de bicarbonate de soude
2 litres d'eau tiède
1 cuillerée à soupe de vinaigre blanc
15 gouttes d'huile essentielle de votre choix (fleur d'oranger, lavande...)

Au travail !
- Verser le bicarbonate avec un entonnoir dans le bidon avec les 2 litres d'eau chaude (pas bouillante).
- Dans un verre, préparer une solution de vinaigre blanc avec l'huile essentielle (ou un mélange d'huiles, si vous voulez). Verser ce mélange, avec l'aide d'un entonnoir, dans le bidon.
- Fermer le bidon et bien le secouer.

Avant toute utilisation, toujours penser à secouer le bidon, pour que la solution active ne reste pas au fond.

> *Faire la vaisselle*

▸Bien nettoyer les casseroles :

Avis aux spécialistes des riz brûlés et des pâtes trop cuites qui collent au fond de la casserole, voici une bonne recette pour faciliter la réparation des petits accidents de cuisine :

1ère recette :

» *Matériel*

• Une éponge ou une brosse

» *Liste des ingrédients*

• Bicarbonate de soude (autant que nécessaire)

Au travail !

- Saupoudrer directement le bicarbonate de soude sur les dépôts incrustés et verser de l'eau chaude ; laisser agir pendant au moins 15 min.
- Frotter la casserole avec une éponge ou une brosse, rincer et essuyer.

2ème recette :

» *Matériel*

• Une éponge ou une brosse

» *Liste des ingrédients*

• 50 g de bicarbonate de soude
• 50 ml de vinaigre blanc

Au travail !

- Verser dans la casserole ou dans la poêle encrassée le bicarbonate et le vinaigre.
- Laisser agir toute la nuit avant de laver.

A chaque vaisselle, dissoudre 1 cuillerée à café de bicarbonate dans l'eau tiède du bac à vaisselle. Cela aide à dégraisser et à décoller les restes de nourriture qui persistent au fond des casseroles et sur les couverts.

Et si vous avez des casseroles en émail ou en inox, voici une recette intéressante pour les faire briller, sans les rayer :

» *Matériel*

• Une éponge ou une brosse

» *Liste des ingrédients*

• Pâte de bicarbonate de soude

`Au travail !`

- Appliquer la pâte de bicarbonate de soude sur une éponge ou une brosse.
- Frotter, rincer et essuyer.

Pour faire briller les casseroles en aluminium, sans les rayer, mieux vaut suivre la recette suivante :

» *Matériel*

•Un bocal

» *Liste des ingrédients*

•10 cl de crème de tartre (en pharmacie, ou chez votre boulanger), vous pouvez la remplacer par un ingrédient acide comme le lait aigre
•50 g de bicarbonate de soude
•10 cl de vinaigre blanc
•2 cuillerées à soupe de savon en paillettes (savon de Marseille râpé par exemple).

`Au travail !`

- Mélanger dans un bol, le bicarbonate de soude et la crème de tartre.
- Verser le vinaigre et bien remuer jusqu'à obtenir une pâte homogène.
- Ajouter le savon à la pâte et bien mélanger.
- Verser la pâte dans un bocal hermétique. Secouer.
- Laver la casserole avec cette pâte, en utilisant une éponge ou une laine d'acier fine.

Grâce aux qualités abrasives du bicarbonate, cette pâte est bien plus efficace qu'un détergent conventionnel. Vous pouvez conserver cette pâte nettoyante dans ce bocal, elle sera prête à l'emploi en cas de besoin.

▸ Nettoyer les éponges et les brosses à vaisselle :

Après avoir fait la vaisselle, il faut toujours penser à bien laver les éponges et les brosses. En effet, cela élimine les odeurs, les bactéries et les saletés et permet de les conserver plus longtemps :

» *Matériel*

•1 bac

» *Liste des ingrédients*

•Solution de bicarbonate de soude

Au travail !
- Tremper l'éponge et la brosse dans le bac rempli de la solution de bicarbonate.
- Laisser agir pendant plusieurs heures ou une nuit.

Nettoyer l'évier :

Pour nettoyer l'évier, employer cette méthode afin d'éliminer les taches et les odeurs désagréables laissées par la nourriture :

» *Matériel*
- Une éponge

» *Liste des ingrédients*
- Bicarbonate de soude, solution de bicarbonate de soude ou pâte de bicarbonate de soude pour un nettoyage plus important en profondeur.

Au travail !
- Appliquer le bicarbonate de soude directement sur l'éponge, ou tremper l'éponge dans une solution de bicarbonate ou bien employer la pâte de bicarbonate de soude sur une éponge.
- Frotter et bien rincer pour éviter les traits blancs.

Déboucher l'évier :

Les produits en vente dans les supermarchés pour déboucher les canalisations sont à base d'acides, substances fortement corrosives, irritantes pour la peau et pour les yeux. Sans compter qu'ils polluent les cours d'eau. Il vaut mieux essayer une autre méthode pour déboucher votre évier sans risque. Attention, à utiliser uniquement si vous n'avez pas déjà versé un déboucheur industriel ! Vous risqueriez de détériorer vos canalisations.

» *Matériel*
- Une ventouse

» *Liste des ingrédients*
- 250 g bicarbonate de soude
- 250 g de sel
- 250 ml de vinaigre blanc
- De l'eau chaude

Au travail !
- Verser dans le siphon, le bicarbonate de soude, le sel et le vinaigre.
- Donner un coup de ventouse afin de mélanger les ingrédients, attendre 30 min.
- Verser de l'eau chaude et ventouser à nouveau.

Si cela ne marche pas, vous pouvez répéter l'opération. Si le siphon continue à être bouché, il vaut mieux appeler le plombier. Cette méthode est valable pour déboucher le lavabo, la douche ou la baignoire.

Recette clé ...
Un liquide-vaisselle bio enrichi et non polluant !

Cette recette est indispensable pour ceux qui veulent à la fois dépenser moins et avoir une pratique écologique.

Matériel :
1 bidon à liquide vaisselle 500 ml (utilisez un ancien bidon)

Liste des ingrédients :
1 cuillerée à café de bicarbonate de soude
1 cuillerée à soupe de cristaux de soude (carbonate de sodium)
Liquide vaisselle bio

Au travail !
- Remplir 1/6 du bidon vide avec du liquide vaisselle bio.
- Dans un récipient, faire une solution de 500 ml d'eau tiède et de 1 cuillerée à café de bicarbonate et 1 cuillerée à soupe de cristaux de soude. Bien mélanger pour dissoudre les ingrédients.
- Verser la solution dans le bidon.

A chaque utilisation, le secouer légèrement. Ce produit ne mousse pas autant que les liquides-vaisselles trouvés dans les supermarchés. Cela ne veut pas dire que le liquide-vaisselle « fait maison » n'est pas efficace ! Au contraire... La basicité du bicarbonate va neutraliser l'acidité de la graisse. C'est de la chimie et c'est garanti !

Une autre idée : si vous n'avez pas de cristaux de soude chez vous, vous pouvez les remplacer par du vinaigre blanc

> *Comment éliminer les mauvaises odeurs ?*

▸ Dans le réfrigérateur :

Pour combattre les odeurs du réfrigérateur sans risque ni pour la santé, ni pour l'appareil, utiliser le bicarbonate de soude qui neutralise les odeurs.

» *Matériel*
•Un petit bol ou une soucoupe

» *Liste des ingrédients*
•3 cuillerées à café rases de bicarbonate de soude sec

Au travail !
- Poser un récipient de bicarbonate dans le réfrigérateur ou dans le congélateur.
- Changer le bicarbonate de soude tous les mois.

Cette méthode neutralise aussi les odeurs dans les espaces fermés comme les WC ou dans les placards. Souvenez-vous : les sachets parfumés ne font que cacher les odeurs désagréables par une odeur plus forte. Le récipient rempli de bicarbonate doit être placé dans un endroit sec. Le remplacer tous les deux mois environ. Vous pouvez aussi laver les parois du réfrigérateur de temps en temps avec une solution de bicarbonate à l'eau tiède avec une éponge douce.

▸ A l'intérieur de la poubelle :

Vous pouvez aussi vous débarrasser des odeurs acides venant des poubelles et dues souvent aux pelures de fruits, de légumes qui se décomposent, aux coquilles d'œuf et aux autres résidus alimentaires.

» *Liste des ingrédients*
•Bicarbonate de soude (autant que nécessaire)

Au travail !
Verser du bicarbonate directement dans le sac au fur et à mesure qu'il se remplit de détritus.

Cette méthode peut aussi être utilisée pour le panier à linge sale dans lequel vous stockez votre linge sale avant de le laver et qui sent parfois un peu mauvais... !

▸ Odeurs qui viennent des siphons :

Voici une recette très utile pour vous aider à stopper les odeurs d'égout qui persistent, par exemple, dans les vieilles constructions et les canalisations de la salle de bains où les cheveux s'accumulent souvent....

» *Liste des ingrédients*

- 50 g bicarbonate de soude
- 50 g de sel fin
- Un peu de vinaigre blanc

Au travail !

- Verser le bicarbonate et le sel fin dans le siphon des éviers, des baignoires et des bacs à douche.
- Faire ensuite couler de l'eau chaude (pas bouillante), en ajoutant un peu de vinaigre blanc.

▸ Odeurs qui persistent sur les mains :

Il est vrai que l'odeur d'ail, d'oignons, d'œuf ou de poisson qui persistent sur les mains, longtemps après avoir cuisiné, n'est pas tellement glamour... Deux solutions, soit vous cuisinez avec des gants (peu pratique), soit vous utilisez du bicarbonate !

» *Liste des ingrédients*

- Bicarbonate de soude (autant que nécessaire)

Au travail !

- Saupoudrer un peu de bicarbonate sec sur les mains et les frotter l'une contre l'autre.
- Rincer, avec ou sans savon. Renouveler l'opération jusqu'à disparition de l'odeur.

▸ Odeurs qui persistent sur le linge de cuisine :

Les torchons, les serviettes de table, sur tous ces tissus s'accumulent des odeurs de graisses et de nourritures. Parfois, même après lavage, ils sentent encore un peu mauvais... Pour rendre le lavage plus efficace, suivez cette méthode simple :

» *Liste des ingrédients*

- Bicarbonate de soude (autant que nécessaire)

Au travail !

- Saupoudrer du bicarbonate de soude sur le torchon encore sec.
- Laisser agir quelques minutes, secouer et laver normalement.

▸ Odeurs dues à la consommation de tabac :

Une pincée ou deux de bicarbonate dans les cendriers permet parfaitement d'empêcher la diffusion des odeurs de tabac.

» *Liste des ingrédients*
• Bicarbonate de soude (autant que nécessaire)

Au travail !
- Mettre une pincée de bicarbonate au fond du cendrier avant chaque utilisation.
- Remplacer le bicarbonate à chaque fois que vous videz le cendrier.

Pour rafraîchir les tapis et les canapés qui sentent le tabac ou qui sont imprégnés d'autres odeurs désagréables :

» *Liste des ingrédients*
• Bicarbonate de soude (autant que nécessaire)

Au travail !
- Saupoudrer du bicarbonate de façon homogène sur la zone nauséabonde.
- Laisser agir pendant au moins 15 min et passer l'aspirateur.

Si l'odeur persiste, vous pouvez refaire l'expérience en laissant le bicarbonate agir toute une journée. Attention, si le tapis ou le canapé sont colorés, mieux vaut faire un test avant dans une zone cachée pour ne pas risquer de faire des auréoles et de décolorer le tissu ! Il en est de même pour les tissus fragiles.

Recette clé ...
Fabriquer votre propre purificateur d'air pour rafraîchir l'air intérieur !

Nous avons vu comment les produits assainisseurs d'atmosphère sont fabriqués et avec quelles substances nocives pour l'homme et l'environnement. Alors, si vous aimez la sensation d'air frais et propre, si vous voulez à tout prix parfumé l'air intérieur, nous avons une recette 100 % naturelle :

Matériel :
Un vaporisateur

Liste des ingrédients :

- 1 cuillerée à café de bicarbonate de soude
- 1 cuillerée à café de jus de citron (vert ou jaune)
- 500 ml d'eau tiède

Au travail !

- Verser l'eau dans le vaporisateur et ajouter le bicarbonate. Diluer.
- Ajouter le jus de citron.
- Secouer et vaporiser comme un purificateur d'air.

Pour que l'air de votre maison soit encore plus parfumé, remplacer le jus de citron par 5 gouttes d'huile essentielle de citron, de lavande ou d'eucalyptus au choix.

▶ Fabriquer une lessive enrichie :

Si vous n'avez pas envie de fabriquer votre propre lessive, vous pouvez créer une lessive bio enrichie, ce sera toujours mieux :

» *Liste des ingrédients*

- 200 g de bicarbonate de soude
- Lessive bio (en magasins bio)

Au travail !

Remplacer la moitié de la quantité de produit que vous utilisez habituellement par 3/4 tasse de bicarbonate de soude.

Le bicarbonate améliore la performance des lessives traditionnelles puisqu'il régule le pH de l'eau. En plus, c'est aussi un bon dégraissant. Un autre avantage du bicarbonate sur la lessive est qu'il aide à prévenir la formation du tartre dans la machine à laver. Comme vous le savez, les dépôts de tartre endommagent votre machine et augmentent la consommation d'énergie. Alors au lieu d'utiliser un détartrant couteux, utiliser du bicarbonate !

Faire une lessive écologique et économique

Recette pratique ...

Une lessive économique et non polluante !

Il y a deux recettes très pratiques et économiques pour confectionner votre propre lessive écologique :

1ère recette

Matériel :

1 ancien bidon à lessive de 2 litres

Liste des ingrédients :

- 4 cuillerées à soupe de bicarbonate de soude
- 50 g de savon de Marseille râpé
- 1 ½ litre d'eau chaude

Au travail !

- Mettre le savon de Marseille dans le bidon de lessive liquide.
- Verser 1 litre d'eau chaude et secouer fort afin de bien dissoudre le savon.
- Attendre que l'eau devienne tiède et verser le bicarbonate de soude.
- Secouer pour bien mélanger tous les ingrédients.

2ème recette

Matériel :

1 ancien bidon à lessive de 2 litres

Liste des ingrédients :

- 4 cuillerées à soupe de bicarbonate de soude
- 50 g de savon de Marseille
- 1 ½ litre d'eau

Au travail !

- Dans une casserole, faire fondre le savon de Marseille dans 2 litres d'eau.
- Attendre que l'eau refroidisse pour rajouter les 4 cuillerées de bicarbonate.
- Verser le tout dans le bidon.

Il est important d'utiliser un récipient dont la capacité est plus grande que le volume de lessive que vous allez fabriquer. En effet, le savon va se solidifier et il faudra bien le secouer avant de vous servir de votre lessive bio. Les ingrédients seront ainsi bien mélangés. Si le savon est devenu trop solide, ajouter un peu d'eau tiède au mélange, et secouer.

Pour chaque machine, vous pouvez utiliser 1 verre d'une de ces deux lessives.

Attention : ces lessives fonctionnent uniquement à des températures inférieures à 60 degrés. Souvenez-vous qu'à une température supérieure à 60 degrés, le bicarbonate se décompose... Ce que l'on ignore souvent, c'est que l'eau froide lave tout aussi bien que l'eau chaude. C'est même mieux pour préserver les tissus, puisque cela protège leur couleur. Dans les pays tropicaux, le linge se lave à froid. C'est plus économique, plus écologique et le linge finit aussi propre que le linge lavé à chaud !

▸ Remplacer l'assouplissant :

Une autre idée pour avoir un linge plus doux, c'est d'ajouter 250 g de bicarbonate à la place de l'assouplissant industriel. Il permettra aussi aux allergiques de retrouver des vêtements souples ! Le bicarbonate aide également à éliminer les odeurs. En plus, c'est plus écologique !
Souvenez-vous, les assouplissants rejetés dans l'eau s'accumulent dans les sédiments et polluent....

» *Liste des ingrédients*
• 50 g de bicarbonate de soude

Au travail !
Ajouter le bicarbonate de soude au dernier cycle de rinçage de votre machine.

▸ Eliminer les saletés les plus tenaces :

Un prélavage avec une solution de bicarbonate de soude peut résoudre ce problème :

» *Matériel*
•Un bac à linge

» ***Liste des ingrédients***
•50 g de bicarbonate de soude

`Au travail !`
- Laisser tremper le linge pendant au moins une demi-heure dans un bac avec de l'eau tiède et du bicarbonate de soude.
- Laver comme d'habitude.

Attention, il ne faut pas utiliser cette recette pour le lavage de la laine ou de la soie.

▸ Enlever les taches de graisse :

Cette recette marche seulement sur les taches récentes !

» ***Liste des ingrédients***
•Bicarbonate de soude (autant que nécessaire)

`Au travail !`
- Verser une quantité suffisante de bicarbonate de façon à couvrir complètement la tache.
- Laver ensuite normalement.

Attention, ne pas utiliser cette recette pour le lavage de la laine ou de la soie.

▸ Diminuer l'usage de l'agent blanchissant :

Si vous êtes habitué à laver votre linge avec des produits blanchissants, essayez de faire des économies et de devenir plus écolo en remplaçant la moitié du dosage habituel par la quantité indiquée de bicarbonate :

» ***Liste des ingrédients***
•50 g de bicarbonate pour les machines à laver à ouverture par le dessus ou 25 g de bicarbonate de soude pour les machines à laver à ouverture frontale.

Au travail !
Remplacer la moitié du dosage conventionnel par la quantité indiquée de bicarbonate de soude.

Pour les linges délicats lavables à la main, un peu de bicarbonate de soude avec du jus de citron ajouté à l'eau peut aussi servir comme agent blanchissant. Laisser agir pendant quelques minutes avant de laver normalement votre linge.

▸ Blanchir le linge au prélavage :

Le bicarbonate peut aussi aider à enlever les traces sur les cols de chemise, les odeurs de chaussettes, etc., qui parfois persistent même après le lavage :

» *Liste des ingrédients*
• Pâte de bicarbonate de soude

Au travail !
- Avant le lavage, appliquer la pâte de bicarbonate de soude sur les parties les plus sales.
- Laver comme d'habitude à la main ou à la machine.

Attention, ne convient pas au lavage de la laine ou de la soie.

▸ Combattre les dépôts de tartre dans la machine :

L'utilisation de l'eau chaude favorise les dépôts de tartre dans la machine à laver. Avec le temps, la machine devient moins performante et dépense plus d'énergie.
Le bicarbonate de soude aide à prévenir cette situation :

» *Liste des ingrédients*
• 50 g de bicarbonate de soude

Au travail !
Faire une fois par mois, un lavage à vide avec le bicarbonate de soude.

Entretenir la salle de bain

▸ Bien nettoyer les carreaux et faïences :

Voilà une recette efficace pour faire briller les carreaux et les faïences de votre salle de bain :

» *Matériel*
• Une éponge ou une brosse

» *Liste des ingrédients*
• Pâte de bicarbonate de soude

Au travail !
- Appliquer sur une éponge ou sur une brosse la pâte de bicarbonate de soude.
- Frottez les carreaux. Rincez et essuyez.

▸ Avoir une robinetterie éclatante :

Pour éliminer le calcaire sur les robinetteries, employer la pâte à récurer faite-maison. Cette recette est très simple à réaliser et, en plus, elle sert pour toutes les robinetteries :

» *Matériel*
• 1 bidon de 500 ml

» *Liste des ingrédients*
• Bicarbonate de soude
• Sel fin
• 1 cuillerée à café de liquide vaisselle bio ou de liquide-vaisselle fait-maison
• 10 gouttes d'huile essentielle (au choix : fleur d'oranger, lavande, etc.)

Au travail !
- Remplir le bidon à moitié avec du bicarbonate de soude.
- Ajouter une couche de sel fin.
- Ajouter le liquide vaisselle.
- Remplir le reste du bidon avec de l'eau tiède.
- Ajouter l'huile essentielle.
- Secouer pour bien mélanger les ingrédients.

Penser à bien agiter avant chaque usage. Ne pas utiliser sur les matériaux trop fragiles.
Les huiles essentielles servent à donner du parfum à cette pâte à récurer. Si vous ne voulez pas en mettre, cela ne changera rien à l'efficacité du produit !
La pâte de bicarbonate de soude est aussi un excellent produit pour éliminer le tartre des robinets et des sanitaires. Ajouter du citron ou du vinaigre, si vous avez besoin d'un nettoyage plus puissant. L'effet brillant sera plus durable, grâce à la petite pellicule que laissera le vinaigre.

Le vinaigre blanc : une autre panacée !

Le mot vinaigre vient de « vin aigre ». En effet, le vinaigre est un acide obtenu par la fermentation du sucre des fruits, ou des légumes. Le vinaigre blanc pur est fabriqué à partir de l'amidon du maïs qui est transformé en sucre, puis fermenté en alcool pour ensuite devenir du vinaigre.

Tous les vinaigres, et spécialement le vinaigre blanc, sont très efficaces pour le nettoyage :

- Ils sont antibiotiques et antiseptiques, donc de bons désinfectants.
- Ils sont très efficaces contre les moisissures.
- Ce sont des agents polissants.
- Ils désodorisent.
- Et bien sûr, ils sont d'origine naturelle, biodégradables et non toxiques !

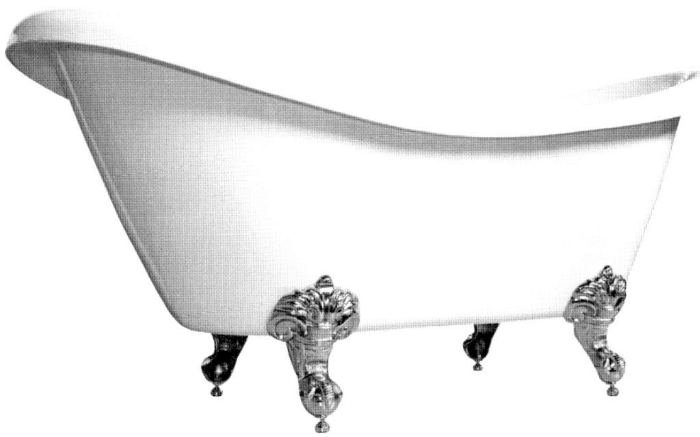

▸ Bien nettoyer la douche et la baignoire :

A cause de la condensation provoquée par la vapeur d'eau, la porte de la cabine de douche et les rideaux de douche sont souvent humides, ce qui facilite l'apparition de moisissures. Les joints de la baignoire aussi souffrent de ce problème. Ces moisissures sont des champignons qui peuvent provoquer de l'asthme, des irritations et des allergies. Cette recette est idéale pour éliminer les moisissures, les prévenir et rendre l'ambiance de la salle de bain plus saine :

» *Matériel*
•Une éponge

» ***Liste des ingrédients***
•Bicarbonate de soude (autant que nécessaire)

Au travail !
- Saupoudrer du bicarbonate de soude sur une éponge humide.
- Frotter les surfaces moisies.
- Rincer et sécher.

▸ Pour nettoyer la baignoire :

» *Matériel*
•Une éponge

» ***Liste des ingrédients***
•Bicarbonate de soude (autant que nécessaire)

Au travail !
- Saupoudrer du bicarbonate de soude sur une éponge humide.
- Frotter, rincer et essuyez avec un tissu.

Pour éviter les moisissures dans la salle de bain, certes il faut nettoyer régulièrement la cabine de douche et la baignoire, mais surtout assurer une bonne ventilation de la pièce.

▸ Faire briller le lavabo :

L'apparition de calcaire et les taches de dentifrice décorent couramment les lavabos... Voici une recette pour éliminer le tartre et d'autres salissures d'une façon simple :

» *Matériel*
•Un torchon ou une éponge

» *Liste des ingrédients*
•Bicarbonate de soude (autant que nécessaire)
•Vinaigre blanc (autant que nécessaire)

Au travail !
- Saupoudrer du bicarbonate de soude sur le lavabo.
- Tremper le torchon ou l'éponge dans le vinaigre et l'utiliser pour frotter le lavabo.
- Rincer.

▸ Nettoyer les toilettes :

Les produits WC sont, il est vrai, très efficaces contre le calcaire et les odeurs, mais ce sont de gros polluants couteux. Le bicarbonate de soude peut remplacer ce genre de produit grâce à sa fonction antitartre et désodorisante. Suivez la recette qui suit pour enlever les taches qui s'incrustent dans les WC.

» *Matériel*
•Une brosse à nettoyer le WC

» *Liste des ingrédients*
•3 cuillerées à soupe de bicarbonate de soude
•3 cuillerées à soupe de sel fin
•500 ml de vinaigre blanc
•De l'eau chaude

Au travail !
- Verser tous les ingrédients dans le WC.
- Laisser agir pendant quelques minutes et bien brosser.
- Tirer la chasse d'eau.

Si les taches persistent, verser du vinaigre bouillant dans le WC et laisser agir pendant toute la nuit avant de répéter l'opération.
Pour un nettoyage plus rapide, il suffit de saupoudrer le bicarbonate de soude et verser le vinaigre (pas bouillant). Attendre quelques minutes avant de bien brosser et de tirer la chasse d'eau.

Recette pratique ...

Produit pour nettoyer le sol

Cette recette remplace parfaitement les produits détergents pour les sols que nous trouvons dans les supermarchés.
Cela dégraisse et nettoie en profondeur la salle de bain.

Matériel :
1 seau d'eau
1 torchon
Des gants pour vos mains

Liste des ingrédients :
- 50 g de bicarbonate de soude
- 50 ml de vinaigre blanc
- 4 litres d'eau tiède

Au travail !
Remplir le seau d'eau et ajouter les ingrédients. Bien mélanger.
Tremper un torchon dans cette solution et nettoyer.

Dans le séjour

▸ Nettoyer les tapis et les canapés :

Ne paniquez pas si un jour votre enfant provoque un accident sur votre merveilleux tapis ou canapé ! Cela peut nous arriver aussi de renverser sur nos meubles du café ou une autre substance tachante. Il y a toujours une solution pour enlever la saleté et les éventuelles odeurs provoquées par ces accidents domestiques :

» *Matériel*
Un aspirateur
Une brosse

» ***Liste des ingrédients***
Bicarbonate de soude (autant que nécessaire)

Au travail !
- Avant tout, essayer de nettoyer les taches selon les indications du fabricant.

- Saupoudrer du bicarbonate de soude, brosser doucement et laisser agir pendant 15 minutes.
- Pour finir, passer l'aspirateur.

Il est recommandé de faire un test avant de réaliser cette expérience afin de vérifier que le bicarbonate de soude n'altère pas la couleur des tissus.

▸ Enlever les taches sur les meubles en bois :

Il est très difficile d'enlever les taches faites sur le bois. Voici une méthode qui peut aider à les enlever. Cette recette ne marche pas toujours, mais cela ne coute rien d'essayer :

» *Matériel*

• Un chiffon doux

» *Liste des ingrédients*

• Bicarbonate de soude (autant que nécessaire)
• Dentifrice (autant que nécessaire)

Au travail !

- Fabriquer une pâte de bicarbonate avec du dentifrice dans les mêmes proportions.
- Appliquer cette pâte sur le chiffon et frotter doucement la tache.
- Ensuite, cirer le meuble avec un produit adéquat.

Le bois est une matière organique et sa couleur peut varier selon les conditions environnementales telles que l'humidité, par exemple. Si le bois n'a pas de couche de vernis, il est presque sûr que le bicarbonate de soude va provoquer des taches ! Pour cette raison, avant d'essayer cette méthode, faites toujours un test sur une zone invisible pour vérifier que le bicarbonate et le dentifrice ne vont pas générer une nouvelle tache sur le bois.

▸ Nettoyer les murs ou les meubles peints :

Les marques sur les murs ou meubles peints, comme les traits de crayon par exemple, peuvent aussi être enlevées avec un petit peu de bicarbonate de soude.

» *Matériel*

• Une éponge

» *Liste des ingrédients*
• Bicarbonate de soude (autant que nécessaire)

Au travail !
- Saupoudrer du bicarbonate de soude sur une éponge humide.
- Frotter doucement, rincer avec un peu d'eau et essuyez avec un chiffon.

Nettoyer les sols en linoléum :

Les traits noirs sur le linoléum, provoqués, par exemple, lorsqu'on bouge un meuble, s'enlèvent facilement en suivant cette méthode :

» *Matériel*
• Un torchon

» *Liste des ingrédients*
• Pâte de bicarbonate de soude

Au travail !
- Appliquer la pâte de bicarbonate de soude sur les traits noirs.
- Bien frotter avec un torchon humide.

Nettoyer les fenêtres et les portes en aluminium :

» *Matériel*
• Une brosse

» *Liste des ingrédients*
• Bicarbonate de soude (autant que nécessaire)

Au travail !
- Saupoudrer du bicarbonate de soude sur la brosse humide.
- Bien frotter, rincer et essuyer avec un chiffon.

Pour les affaires du bébé aussi !

▸ Nettoyer les outils en plastique :

Le bicarbonate de soude est le produit idéal pour nettoyer la table à manger, la chaise, les jouets en plastiques et d'autres équipements du bébé. C'est sans danger pour sa santé !

» *Matériel*
• Une éponge

» *Liste des ingrédients*
• Bicarbonate de soude (autant que nécessaire)

Au travail !
- Saupoudrer du bicarbonate de soude sur l'éponge humide puis procéder au nettoyage.
- Rincer et essuyer.

▸ Nettoyer les biberons et éliminer les odeurs :

» *Liste des ingrédients*
• 1 cuillerée à café de bicarbonate de soude

Au travail !
- Verser le bicarbonate de soude dans le biberon rempli d'eau tiède.
- Fermer le biberon et le secouer.
- Enlever la solution et laver ensuite le biberon avec le produit vaisselle à base de bicarbonate de soude.

Une autre idée : vous pouvez aussi laisser les biberons et les tétines tremper toute une nuit dans une solution faite à partir de 4 cuillerées de bicarbonate de soude pour 1 litre d'eau tiède.

▸ Nettoyer à sec les peluches :

Cette recette vous permet d'éliminer les odeurs des peluches, ou du « doudou » de votre enfant d'une façon saine et sans les abîmer :

» *Matériel*
•Une brosse

» ***Liste des ingrédients***
•Bicarbonate de soude (autant que nécessaire)

Au travail !
- Saupoudrer du bicarbonate de soude de façon homogène sur la peluche.
- Laisser agir environ 15 min et enlever doucement avec une brosse.

Non seulement c'est plus simple, mais en plus aucun danger pour votre enfant s'il aspire ou s'il met la peluche dans sa bouche après le lavage.

▸ Laver les vêtements que vous venez d'acheter :

Les vêtements neufs contiennent parfois des produits chimiques utilisés pour qu'ils ne se froissent pas dans les rayons. Mieux vaut donc laver les habits neufs de votre bébé avant le premier usage :

» *Matériel*
•Un bac à linge

» ***Liste des ingrédients***
•50 g de bicarbonate de soude
•Savon de Marseille liquide

Au travail !
- Tremper les vêtements dans un bac à linge avec le bicarbonate de soude et le savon liquide.
- Laisser agir pendant 30 min avant de rincer.

▸ Faire un shampooing doux :

Pour bien nettoyer et faire briller les cheveux de votre bébé, vous pouvez de temps en temps les laver avec du bicarbonate de soude :

» *Liste des ingrédients*
- 1 cuillerée à café de bicarbonate de soude
- Huile pour bébé

Au travail !
- Pendant le bain, verser un peu d'huile sur les cheveux de votre bébé et verser ensuite le bicarbonate de soude sec.
- Frotter doucement les cheveux avant de les laver comme d'habitude.

▸ Nettoyer les peignes, les brosses et les barrettes en plastique :

Il est aussi important pour l'hygiène des bébés d'avoir des affaires de coiffure bien propres :

» *Liste des ingrédients*
- Solution de bicarbonate de soude

Au travail !
- Tremper les brosses dans la solution de bicarbonate de soude tiède.
- Laisser agir quelques heures avant de les rincer.

▸ Enlever des odeurs de «pipi au lit» :

Les accidents arrivent ! Il est difficile de nettoyer le matelas dans ce cas, grâce à son pouvoir absorbant le bicarbonate peut servir à enlever l'odeur d'urine. Après avoir nettoyé l'endroit avec un torchon humide :

» *Liste des ingrédients*
- Bicarbonate de soude (autant que nécessaire)

Au travail !
- Saupoudrer une quantité importante de bicarbonate de soude sur la tache d'urine
- Laisser agir environ 30 min et passer l'aspirateur.

▸ Nettoyer les piscines et d'autres jouets gonflables :

Les moisissures causées par l'humidité peuvent être à l'origine d'allergies, de l'asthme et d'autres problèmes respiratoires. Voici une recette afin d'éviter les moisissures qui sont souvent présentes dans les piscines et dans d'autres jouets gonflables.

» *Liste des ingrédients*
- Bicarbonate de soude (autant que nécessaire)

Au travail !
Saupoudrer du bicarbonate de soude dans la piscine ou sur les jouets gonflables une fois qu'ils sont déjà secs, avant de les ranger.

Pour les animaux domestiques aussi !

▸ Combattre les odeurs désagréables de la litière :

Voici une bonne idée pour les heureux propriétaires de chats ! C'est surtout leur urine qui laisse cette odeur acide et désagréable. Pour neutraliser cette odeur, essayez cette méthode lorsque vous nettoyez la litière :

» *Liste des ingrédients*
- Bicarbonate de soude (autant que nécessaire)

Au travail !
Mettre une couche de bicarbonate de soude au fond du bac, avant de verser le sable.
Changer la litière et le bicarbonate de soude régulièrement.

▸ Pour des poils brillants et doux :

Si on peut utiliser du bicarbonate de soude pour le soin de nos cheveux, on peut aussi l'utiliser pour le poil de nos chiens !

» *Liste des ingrédients*
- 3 cuillerées à soupe de bicarbonate de soude par litre d'eau

Au travail !
Ajouter le bicarbonate de soude dans l'eau du bain du chien et laver comme d'habitude.

Son poil sera encore plus frais, doux et brillant. Une autre idée, intéressante pour les jours très froids : nettoyage à sec ! Vous pouvez saupoudrer un peu de bicarbonate de soude sur le chien et le brosser ensuite. Cela va éliminer les « odeurs de chien ».

▸ Maintenir l'hygiène des jouets et des gamelles :

De temps en temps, il faut aussi penser à nettoyer les jouets de votre animal domestique :

» *Matériel*
• Un bac

» *Liste des ingrédients*
• Solution de bicarbonate de soude.

Au travail !
- Tremper les jouets dans une solution de bicarbonate de soude.
- Laisser agir quelques minutes.
- Frotter avec une éponge ou une brosse. Rincer.

Vous pouvez aussi laisser les gamelles trempées dans la même solution avec les jouets ! Cela aide à dégraisser. Après, il suffit de les laver normalement.

▸ Nettoyer les salissures des colliers et des laisses :

A force de les utiliser, les colliers et les laisses deviennent un peu crasseux. Pour améliorer leur apparence et maintenir l'hygiène de votre animal, il suffit de les laver avec un peu de bicarbonate et de vinaigre.

» *Matériel*
• Un bac

» *Liste des ingrédients*
• 1 cuillerée à café de bicarbonate de soude
• 1 cuillerée à café de vinaigre blanc

Au travail !
- Verser le bicarbonate de soude et le vinaigre dans un bac d'eau tiède.
- Tremper le collier et la laisse dans cette solution et laisser agir quelques minutes.
- Frotter et rincer.

▸ Maintenir bien propre leur panier ou leur petit coussin :

Une autre bonne idée pour votre animal : nettoyer son panier ou le coussin où il a l'habitude de dormir, il transportera avec lui moins de microbes.

» *Liste des ingrédients*
•Bicarbonate de soude (autant que nécessaire)

Au travail !
- Saupoudrer un peu de bicarbonate sur son coussin ou sa couverture.
- Brosser doucement et laisser agir pendant environ 15 min.
- Ensuite, passer l'aspirateur.

▸ Nettoyer leurs plaies :

Le bicarbonate est aussi un ingrédient très utilisé pour le traitement des plaies. La petite blessure, la piqure ou d'autres plaies qui gênent l'animal peuvent être soignées avec des compresses de bicarbonate de soude.

» *Matériel*
•Du coton ou de la gaze

» *Liste des ingrédients*
•Solution de bicarbonate de soude

Au travail !
Tremper le coton ou la gaze dans la solution de bicarbonate de soude et nettoyer la plaie.

Pour faciliter la vie en plein air

▸Nettoyer facilement le barbecue :

Rien de plus embêtant que de nettoyer un barbecue encrassé, où s'est accumulée la graisse de précédents dîners ! La graisse et les résidus de nourriture cuits et recuits sont très difficiles à enlever. La recette qui suit va vous aider à réaliser cette tâche plus facilement.

» *Matériel*
•Une éponge ou une brosse

» *Liste des ingrédients*
•Pâte de bicarbonate de soude

Au travail !
- Appliquer la pâte sur une éponge et bien frotter la grille.
- Rincer et essuyer avec un tissu.

Le bicarbonate de soude est aussi souvent utilisé pour éteindre le feu. Alors, éviter les accidents, utiliser cette méthode afin de contrôler le feu du barbecue :

» *Matériel*
•Un vaporisateur

» *Liste des ingrédients*
•Solution de bicarbonate de soude

Au travail !
Mettre la solution de bicarbonate de soude dans un vaporisateur.
Lorsque les flammes sont très hautes, vaporiser cette solution à leur base.

▸ Entretenir le mobilier de jardin :

Le mobilier de jardin est souvent exposé à la pluie ou au soleil. Et, il passe souvent l'hiver rangé dans la cave ou dans le garage, où il finit par moisir. Pour nettoyer et enlever les taches du mobilier de jardin :

» *Matériel*
•Une éponge

» *Liste des ingrédients*
- Solution de bicarbonate de soude.

`Au travail !`
Tremper l'éponge dans la solution de bicarbonate de soude et procéder au nettoyage.
Voici une recette simple pour nettoyer les coussins :

» *Matériel*
- Un aspirateur

» *Liste des ingrédients*
- Bicarbonate de soude (autant que nécessaire)

`Au travail !`
Saupoudrer un peu de bicarbonate de soude sur les coussins.
Laisser agir et passer l'aspirateur.

Cette méthode marche très bien pour éliminer les odeurs de moisissure sur les meubles qui stagnent dans un garage pendant une bonne partie de l'année.
En revanche, il ne faut jamais oublier de faire un test sur les tissus afin de vérifier que le bicarbonate ne va pas provoquer une tache en plus !

> *Dans le jardin*

▸ Contre les parasites :

Restez bio ! Il est possible de faire partir les parasites des plantes sans utiliser de produits toxiques. Le bicarbonate de soude grâce à son pH basique, restreint l'action des champignons. Nos recettes avec du bicarbonate de soude sont les suivantes :

1ère recette
» *Matériel*
- Un vaporisateur

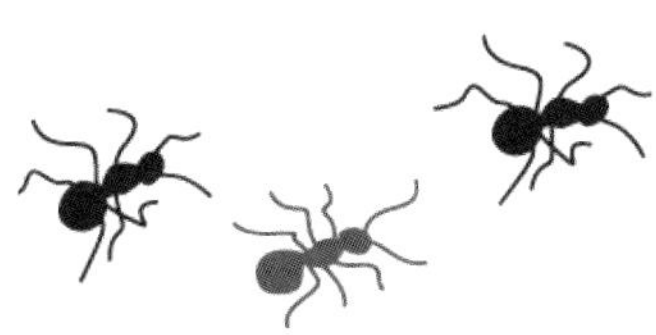

» *Liste des ingrédients*
- 1 cuillerée à café de bicarbonate de soude
- 3 cuillerées à soupe d'huile d'olive
- 250 ml d'eau tiède

Au travail !

- Mélanger l'huile d'olive au bicarbonate de soude.
- Verser 2 cuillerées à café de ce mélange dans une tasse d'eau.
- Vaporiser cette solution sur les plantes tous les 20 jours.

2ème recette

» *Matériel*

- Un vaporisateur
- Un grand bidon (4 litres)

» *Liste des ingrédients*

- 10 g de bicarbonate de soude
- 40 ml d'huile horticole
- 4 litres d'eau

Au travail !

- Remplir le bidon d'eau, verser tous les ingrédients et mélanger.
- Remplir un vaporisateur et vaporiser la solution sur les plantes.

3ème recette

» *Matériel*

- Un vaporisateur

» *Liste des ingrédients*

- 1 cuillerée à café de bicarbonate de soude
- 1/2cuillerée à café de savon de Marseille liquide
- 1 litre d'eau

Au travail !

- Mélanger tous les ingrédients.
- Vaporiser cette solution sur les plantes.

▶ Fabriquer un fongicide pour les vignes et les rosiers :

Cette méthode a un caractère plutôt préventif. Il est donc recommandé de l'employer dès l'apparition des premiers raisins et boutons de fleur.

» *Matériel*

- Un vaporisateur

» *Liste des ingrédients*

- 4 cuillerées à café de bicarbonate de soude
- 1 grand bidon d'eau (4 litres)

Au travail !

Au moment de l'apparition des premiers raisins et boutons de rose, vaporiser cette solution, une fois par semaine pendant deux mois et également après chaque pluie.

▸ Pour des feuilles plus vertes :

Le feuillage du rosier peut devenir encore plus vert en employant cette méthode :

» *Matériel*

- Un vaporisateur

» *Liste des ingrédients*

- 1 cuillerée à café de bicarbonate de soude
- 1/2 cuillerée à café d'ammoniaque clair
- 1 cuillerée à café de sel d'epsom (trouvé en pharmacie)
- 1 grand bidon d'eau (4 litres)

Au travail !

Bien mélanger tous les ingrédients dans le bidon d'eau.
Vaporiser de litre sur chaque rosier.

Sel d'epsom

Le sel d'epsom est en réalité le nom populaire du sulfate de magnésium. Le magnésium est un élément très important pour la chlorophylle, le pigment des feuilles qui capte la lumière. C'est grâce au magnésium que les feuilles deviennent encore plus vertes !
Chez les humains aussi, le magnésium est bénéfique : il favorise la relaxation des muscles et des vaisseaux sanguins. A voir, un peu plus loin, la recette de bain relaxant !

▸ Eliminer les parasites des tomates :

Le bicarbonate de soude par son pH basique peut diminuer l'acidité des sols. Un sol avec un pH équilibré, décourage les parasites des plants de tomates, par exemple, tout en améliorant leur croissance :

» *Liste des ingrédients*
•Un peu de bicarbonate de soude

`Au travail !`
Saupoudrer un peu de bicarbonate de soude sur la terre qui entoure les pieds de tomate.

▸ Eviter les odeurs de compostage :

Le compostage est une idée très écologique pour se débarrasser de ses déchets en créant une poubelle organique qui devient un excellent engrais. Cependant, la décomposition de la poubelle organique gère des odeurs désagréables. Le bicarbonate de soude neutralise ces odeurs :

» *Liste des ingrédients*
•Bicarbonate de soude (autant que nécessaire)

`Au travail !`
Saupoudrer du bicarbonate de soude sur le compostage au fur et à mesure qu'il augmente.

> *Indispensable au camping*

▸ Entretenir la tente et le sac de couchage :

Pour éviter le développement de moisissures et d'odeur d'humidité, suivez cette recette avant de ranger votre sac de couchage et votre tente :

» *Liste des ingrédients*
•Bicarbonate de soude (autant que nécessaire)

`Au travail !`
Saupoudrer une quantité généreuse de bicarbonate de soude sur le sac de couchage et la tente.

▸ Eviter les odeurs de placard sur le matériel de camping :

Si vous ne campez pas toute l'année et que votre matériel de camping reste une longue période dans les placards, voici la recette qui va neutraliser les odeurs désagréables qui persistent.

» *Liste des ingrédients*
• Bicarbonate de soude (autant que nécessaire)

`Au travail !`
Saupoudrer du bicarbonate de soude et laisser agir au moins une journée. Secouer ou passer l'aspirateur.

▸Nettoyer le sac isotherme et le bac à glaçons :

Une recette simple pour nettoyer et neutraliser les odeurs du sac isotherme et du bac à glaçons.

» *Liste des ingrédients*
• Solution de bicarbonate de soude

`Au travail !`
- Les tremper dans une solution d'eau tiède et de bicarbonate.
- Laisser agir pendant au moins 30 min.
- Rincer et essuyer.

▸ Faire la vaisselle :

Il n'est pas évident d'apporter tous les produits ménagers au camping ! Un peu de bicarbonate peut toujours être utile pour remplacer le liquide vaisselle. Ça ne mousse pas, mais c'est efficace :

» *Matériel*
• Une éponge ou une brosse

» *Liste des ingrédients*
• Bicarbonate de soude (autant que nécessaire)

`Au travail !`
- Humidifier avec un peu d'eau la vaisselle à laver.
- Saupoudrer de bicarbonate de soude.
- Bien frotter avec l'éponge ou la brosse et rincer

▸ Faire la lessive :

En l'absence de savon, le bicarbonate est très efficace pour enlever les mauvaises odeurs et nettoyer le linge :

» *Liste des ingrédients*
- Bicarbonate de soude (autant que nécessaire)

Au travail !
- Mouiller les vêtements.
- Saupoudrer de bicarbonate de soude.
- Bien frotter et rincer.

S'occuper de la voiture

Nettoyer les sièges :

Il est facile de salir les sièges de la voiture, mais difficile de les nettoyer ! Cette méthode vous aide à éliminer les taches et autres salissures des sièges de votre voiture :

» *Matériel*
- Une éponge humide

» *Liste des ingrédients*
- Pâte de bicarbonate de soude

Au travail !
- Appliquer la pâte de bicarbonate de soude sur une éponge humide
- Frotter les salissures avec cette éponge.
- Rincer avec un peu d'eau et essuyer avec un chiffon.

Vous pouvez aussi essayer le nettoyage à sec, toujours après avoir réalisé un test pour vous assurer que le bicarbonate ne va pas décolorer ou tacher la housse des sièges :

» *Matériel*
- Un aspirateur

» *Liste des ingrédients*
- Bicarbonate de soude (autant que nécessaire)

Au travail !
- Saupoudrer un peu de bicarbonate sur les taches ou salissures.
- Laisser agir et passer ensuite l'aspirateur.

▸ Nettoyer le sol du garage :

Il est commun de trouver des taches d'huile provenant de la voiture, sur le sol du garage. Or, l'huile est une graisse, et est donc acide. Un peu de bicarbonate de soude permet de retirer efficacement ces taches :

» *Matériel*
• Une brosse

» ***Liste des ingrédients***
• Bicarbonate de soude (autant que nécessaire)

Au travail !
- Verser une bonne quantité de bicarbonate sur les tâches.
- Brosser ensuite de façon énergétique.
- Rincer.

Cette méthode fonctionne seulement pour les taches récentes, qui n'ont pas été absorbées par le sol.

▸ Nettoyer les bornes de la batterie :

Les batteries de voitures contiennent de l'acide qui peut corroder ses bornes. Le bicarbonate de soude peut servir à nettoyer les bornes grâce à son pH basique.

» *Matériel*
• Une brosse à poils durs

» ***Liste des ingrédients***
• Pâte de bicarbonate de soude

Au travail !
- Enlever la batterie de la voiture en faisant attention à cause de son contenu acide.
- Appliquer la pâte de bicarbonate de soude sur les bornes.
- Frotter avec une brosse à poils durs.
- Après avoir nettoyé et reconnecté les bornes, passer un lubrifiant pour prévenir de la corrosion.

▸ Nettoyer les phares, les vitres et les pièces en chrome :

Une excellente manière pour faire briller les phares, les vitres et le chrome de votre voiture :

» *Matériel*

• Une éponge ou torchon

» *Liste des ingrédients*

• Une solution de bicarbonate de soude et l'eau tiède (proportion 1/1)

Au travail !

Tremper l'éponge ou un tissu dans cette solution de bicarbonate et procéder au nettoyage.

Les petites taches de sève d'arbre, les défécations d'oiseaux qui tombent sur la voiture peuvent aussi être enlevées facilement grâce à cette méthode.

▸ Pour désodoriser :

Le bicarbonate de soude neutralise les odeurs de tabac et d'humidité, entre autres, donnant un aspect plus frais aux sièges et aux tapis de la voiture :

» *Matériel*

• Un aspirateur

» *Liste des ingrédients*

• Bicarbonate de soude (autant que nécessaire)

Au travail !

- Saupoudrer un peu de bicarbonate sur les sièges et les tapis.
- Brosser les sièges pour faire bien pénétrer le produit dans les fibres du tissu.
- Laisser agir et passer l'aspirateur ensuite.

▸ Laver la voiture :

Vous pouvez fabriquer votre propre détergent pour laver votre voiture :

» *Matériel*

• Un grand bidon d'eau (4 litres)

» *Liste des ingrédients*
•50 ml de détergent liquide
•25 g de bicarbonate de soude
•De l'eau tiède

Au travail !
- Remplir le bidon avec de l'eau tiède.
- Verser dans le bidon le bicarbonate de soude et le détergent.
- Mélanger à chaque utilisation.

On peut aussi utiliser le bicarbonate de soude pour... autres bonnes astuces

▸ Avoir un marbre éclatant :

Les pièces en marbre, comme la cheminée ou le lavabo, méritent un traitement spécial ! Pour les faire briller comme jamais, sans les rayer :

» *Matériel*
•Une éponge

» *Liste des ingrédients*
•Bicarbonate de soude (autant que nécessaire)
•Vinaigre blanc (autant que nécessaire)

Au travail !
- Fabriquer une pâte avec le bicarbonate de soude et le vinaigre.
- Appliquer cette pâte sur le marbre et frotter très doucement avec l'éponge.
- Rincer et essuyer.

▸ Faire briller l'argenterie, bijoux en argent :

Les pièces en argent méritent elles aussi de briller ! Grâce au caractère abrasif du bicarbonate, il donne du brillant, sans rayer. Trois recettes dont les résultats sont surprenants.

1ère recette

» *Matériel*

- Un chiffon

» *Liste des ingrédients*

- Bicarbonate de soude (autant que nécessaire)

Au travail !

Saupoudrer du bicarbonate de soude sur le chiffon et brosser doucement votre argenterie.

2ème recette

» *Liste des ingrédients*

- Bicarbonate de soude (autant que nécessaire)
- Une tranche de patate crue

Au travail !

Saupoudrer du bicarbonate de soude sur la tranche de patate et frotter doucement votre argenterie.

La troisième recette est aussi excellente, mais attention, cette méthode peut abimer les pièces fragiles décorées avec des motifs en fentes ou en reliefs.

3ème recette

» *Matériel*

- Une grande casserole
- Un morceau de papier aluminium
- Un chiffon doux

» *Liste des ingrédients*

- 1 cuillerée à café de bicarbonate de soude
- 1 cuillerée à café de sel
- Pâte de bicarbonate de soude

Au travail !

- Placer l'argenterie dans une casserole avec de l'eau, le bicarbonate, le sel et un morceau de papier aluminium.
- Faire bouillir pendant 3 minutes.
- Enlever l'argenterie, laisser refroidir.
- Appliquer la pâte de bicarbonate de soude et frotter avec le chiffon.

▸ Rendre les casseroles et les ustensiles en cuivre plus brillants :

Une idée facile pour redonner aux accessoires en cuivre du brillant :

» *Liste des ingrédients*
- Bicarbonate de soude (autant que nécessaire)
- Vinaigre blanc (autant que nécessaire)
- 1/2 citron

Au travail !
- Saupoudrer du bicarbonate de soude sur les ustensiles à nettoyer.
- Verser du vinaigre et laisser agir pendant 15 min.
- Frotter ensuite les ustensiles avec le citron.
- Rincer et essuyer.

▸ Entretenir les accessoires de pêche :

Le bicarbonate de soude est biodégradable et non toxique. Voilà deux bons arguments pour employer cette méthode de nettoyage. Les lacs, les rivières et surtout les poissons vous remercieront !

» *Matériel*
- Une éponge ou tissu

Liste des ingrédients
- Bicarbonate de soude (autant que nécessaire)

Au travail !
Saupoudrer du bicarbonate de soude sur l'éponge ou tissu humide.
Rincer et essuyer.

▸ Enlever la rouille des chaises et pieds de table en métal :

La rouille donne un mauvais aspect au mobilier et l'abîme. Cette recette facile vous aide à restaurer vos chaises et vos tables en éliminant la rouille et en leur ajoutant une pellicule de protection.

» *Matériel*
- Un morceau de papier aluminium
- Un chiffon ou une éponge

» *Liste des ingrédients*
- 1 cuillerée à café de bicarbonate de soude
- 1 cuillerée à café d'eau

Au travail !
- Fabriquer une pâte en mélangeant le bicarbonate de soude et l'eau.
- Appliquer la pâte sur les parties métalliques du mobilier et ensuite les frotter avec la feuille de papier aluminium.
- Nettoyer avec un chiffon ou une éponge.

▸Enlever la rouille des verrous des portes :

» *Matériel*
- Une brosse
- Un chiffon ou une éponge

» *Liste des ingrédients*
- Bicarbonate de soude (autant que nécessaire)
- Vinaigre blanc (autant que nécessaire)

Au travail !
- Saupoudrer du bicarbonate sur le verrou ; verser ensuite du vinaigre.
- Brosser et nettoyer avec un chiffon ou une éponge.

▸Avoir un placard bien frais :

Vous pouvez fabriquer de petits sachets pour éliminer les mauvaises odeurs dans vos placards, sans altérer vos ingrédients.

» *Matériel*
- Un bout de tissu ou un filtre de café
- Un ruban

» *Liste des ingrédients*
- 35 g de bicarbonate de soude

Au travail !
Verser le bicarbonate de soude au centre du bout de tissu pour l'attacher ensuite avec le ruban afin de fabriquer un sachet. Ou, verser le bicarbonate dans le filtre à café et l'attacher avec le ruban.
Placer les sachets dans le placard.

▸ Nettoyer les touches du piano ou du clavier :

Les touches du piano deviennent naturellement jaunes avec le temps, il n'y a rien à faire. Pour retarder cela le plus longtemps possible, il faut les nettoyer régulièrement. L'avantage du bicarbonate de soude est qu'il n'abîme pas les touches puisqu'il est un élément naturel. Par contre, nettoyer un piano est un travail délicat. Lorsque vous nettoyez entre les touches, il faut faire bien attention à ne pas laisser couleur la solution à l'intérieur du piano.

» *Matériel*

•Deux chiffons doux

» *Liste des ingrédients*

•Pâte de bicarbonate de soude

Au travail !

- Appliquer un peu de pâte de bicarbonate sur les touches et les nettoyer, une à une, doucement avec le chiffon.
- Essuyer avec l'autre chiffon.

▸ Laver les pinceaux et les rouleaux à peinture :

Il n'est pas évident d'enlever la peinture des pinceaux et des rouleaux usager, avec cette méthode cela devient un jeu d'enfant !

» *Matériel*

•Une grande casserole

» *Liste des ingrédients*

•250 g de bicarbonate de soude
•25 ml de vinaigre blanc
•1 litre d'eau

Au travail !

Faire bouillir les pinceaux et les rouleaux dans une solution d'eau, de bicarbonate et de vinaigre.

Combattre les fourmis indésirables :

Le bicarbonate de soude aide aussi à éliminer les indésirables petites fourmis qui fréquentent la cuisine :

» *Liste des ingrédients*
• Bicarbonate de soude (autant que nécessaire)

Au travail !
Repérer l'endroit par où les fourmis sortent (les coins de murs, les plinthes, etc.) et appliquer du bicarbonate de soude. Il n'y a pas de danger pour vos enfants… Ce n'est pas toxique, ni polluant, contrairement aux insecticides en vente dans les supermarchés.

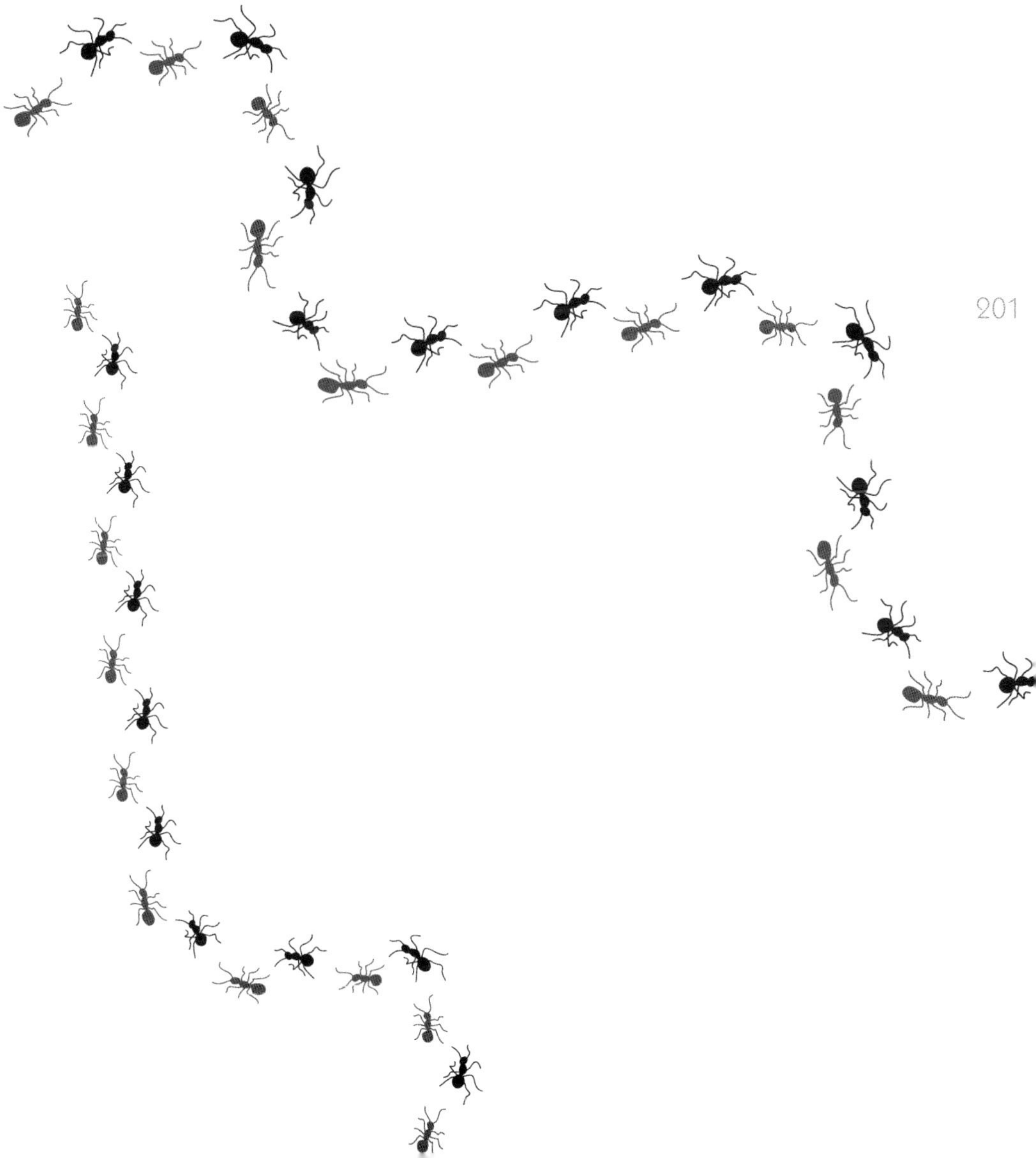

Les vertus du bicarbonate : recettes de beauté & remèdes de grands-mères

Une autre façon d'utiliser le bicarbonate de soude : les cures et les recettes de beauté et d'hygiène. Quels sont les bienfaits du bicarbonate ? Quelles sont ces fameuses recettes de grand-mères ? Le bicarbonate peut soulager différents maux.

Allez chercher votre boîte de bicarbonate de soude et amusez-vous avec ces recettes de beauté et ces remèdes indémodables, ils vont vous changer la vie !

Les huiles essentielles

↘ Les huiles essentielles sont des essences extraites des végétaux grâce au procédé de la distillation. Ce sont des sources d'odeurs caractéristiques très recherchées pour leur puissance et pour leurs propriétés thérapeutiques. Pour que leurs propriétés puissent avoir un effet optimal, ces huiles doivent être très concentrées et biologiques.

↘ Les huiles essentielles possèdent de nombreux principes actifs, leur concentration est telle qu'on ne la retrouve pas dans la nature. Leur composition chimique est très complexe et certaines de ces huiles peuvent même être cancérigènes si elles sont mal employées. Pour cette raison, l'usage abusif des huiles essentielles peut se révéler dangereux...

↘ La quantité d'huile essentielle que nous indiquons dans nos recettes n'est jamais très importante. Cependant, mieux vaut suivre quelques conseils, avant de les utiliser :

↘ Comme le commerce des huiles essentielles n'est pas réglementé, il faut faire attention à ne pas acheter de produit frelaté ! Achetez-les dans des boutiques de confiance et veillez à ce qu'elles soient issues de l'agriculture biologique.

↘ Respecter les dosages des recettes ou ceux indiqués par le fabricant d'huiles.

↘ Eviter le contact des huiles essentielles avec les muqueuses (yeux, nez, etc.).
Si jamais, par accident, quelques gouttes d'huile se projettent dans vos yeux sur les muqueuses, ne jamais les rincer avec de l'eau (cela va empirer, car elles ne se diluent pas dans l'eau) ; rincer avec une huile végétale.

↘ NE JAMAIS LAISSER LES HUILES ESSENTIELLES A LA PORTEE DES ENFANTS, NI DES ANIMAUX, car elles peuvent agir comme un poison.

↘ Elles sont à éviter par précaution par les femmes enceintes et les enfants de moins de 3 ans.

Ces conseils peuvent paraître alarmistes, le but n'est pas de faire peur. C'est juste une façon de garantir que ces huiles vous feront du bien et pas de mal !

Les soins corporels et l'hygiène personnelle

▸ Se faire un bain relaxant :

Prendre un bon bain après une journée fatigante est une bonne manière de se relaxer. Et si vous n'avez pas de sels de bain chez vous, le bicarbonate de soude peut parfaitement les remplacer ! Le bicarbonate de soude adoucit l'eau, votre peau deviendra toute douce. Il suffit de suivre une de ces recettes :

1ère recette

» *Liste des ingrédients*

- 125 g de bicarbonate de soude
- 8 gouttes d'huile essentielle (au choix : lavande, citron)
- Savon liquide

Mélanger dans une bouteille un peu de savon liquide et les gouttes d'huile essentielle. Agiter. Ajouter à votre bain du bicarbonate de soude et le liquide parfumé.

Attention : utiliser les huiles essentielles selon les indications du fabricant.

2ème recette

» ***Liste des ingrédients***

- 2 cuillerées à soupe de bicarbonate de soude
- 2 cuillerées à soupe de poudre de cacao
- 4 cuillerées à soupe de lait en poudre
- 1 cuillerée à soupe de cannelle en poudre

- Mélanger tous les ingrédients dans un bol.
- Garder dans une boîte hermétique et à chaque bain, mélanger 2 cuillerées à soupe de ce mélange à l'eau chaude de votre bain.

3ème recette

» ***Liste des ingrédients***

- 1 litre de lait végétal
- 100 g de bicarbonate de soude
- 2 cuillerées à soupe de miel
- 1 cuillerée à soupe d'argile blanche
- 10 ml d'huile végétale, de sésame par exemple
- 8 gouttes d'huile essentielle, de rose, de géranium, de néroli ou de petit-grain

- Mettre l'argile blanche et le bicarbonate au fond de la baignoire. Faire couler un bain chaud.
- Ajouter l'huile végétale et l'huile essentielle de votre choix.
- Ajouter le miel et le lait.
- Mélanger l'eau avec les mains avant de rentrer dans le bain.

Attention : utiliser les huiles essentielles selon les indications du fabricant.

4ème recette

» ***Liste des ingrédients***

- 1 tasse de bicarbonate de soude
- 1 tasse de sel de mer
- 1 tasse de sel d'epsom

- Dans un bol, mélanger tous les ingrédients.
- Pendant que votre bain est en train de couler, verser les ingrédients

lentement pour leur permettre de se dissoudre complètement dans l'eau.

‣ Se faire un bain de pieds ou une manucure :

Si vous n'avez pas de baignoire, il existe d'autres méthodes reposantes pour relaxer votre corps. Rien ne vaut, par exemple, un bon bain de pieds !

» *Liste des ingrédients*
•2 cuillerées à soupe de bicarbonate de soude

Diluez le bicarbonate de soude dans l'eau du bain de pied.
Vous allez voir comme cela relaxe !

‣ Pour avoir les pieds plus doux :

» *Matériel*
•Une éponge végétale ou une pierre ponce

» *Liste des ingrédients*
•Pâte à bicarbonate de soude

- Appliquer la pâte de bicarbonate sur vos pieds.
- Ensuite, frotter les pieds avec l'éponge végétale ou la pierre ponce.

La peau morte partira et vos pieds seront très doux et beaux.

Une recette similaire pour vous aider à soigner aussi vos mains, de façon à permettre la manucure plus facile :

» *Liste des ingrédients*
•Solution de bicarbonate de soude.

- Tremper vos mains dans une solution tiède de bicarbonate.
- Laisser reposer les mains pendant 10 min avant de faire la manucure.

Les odeurs de pied, c'est fini ! Le bicarbonate de soude neutralise les odeurs désagréables :

» *Liste des ingrédients*
•Bicarbonate de soude (autant que nécessaire)

Saupoudrer du bicarbonate de soude sous les semelles des chaussures et laisser jusqu'au lendemain.
Eviter de verser du bicarbonate directement sur le cuir. Le cuir peut éventuellement s'assécher. Cette méthode lutte aussi contre le développement de champignons.

La pâte de bicarbonate de soude peut aussi servir comme un savon pour les mains :

» *Liste des ingrédients*
•Pâte à bicarbonate de soude

- Appliquer la pâte de bicarbonate sur les mains, les frotter l'une contre l'autre.
- Rincer.

Une bonne idée : ajouter une cuillerée à soupe de bicarbonate de soude dans votre savon liquide et le laisser dans la cuisine. Après avoir coupé de l'ail ou de l'oignon, vous pourrez ainsi vous laver les mains avec ce savon. Le bicarbonate de soude élimine les odeurs persistantes.

▸ Pour se faire un peeling doux au visage :

La pâte de bicarbonate de soude est excellente pour enlever les peaux mortes du visage. Le principe est le même que pour le bain de pieds, mais ici une éponge serait beaucoup trop agressive :

» *Liste des ingrédients*
•Pâte à bicarbonate de soude
•Un peu d'huile ou de crème pour le visage

- Mélanger la pâte de bicarbonate de soude avec un peu d'huile ou de crème pour le visage.
- Appliquer la pâte sur votre visage, en massant doucement.
- Bien rincer.

Cette recette marche aussi avec de l'huile d'olive. Essayez aussi de faire un peeling sur les coudes pour retrouver une peau de bébé !
Attention : ne faites pas de peeling plus d'une fois par semaine. Cela enlève les peaux mortes, mais aussi la pellicule graisseuse naturelle de l'épiderme qui protège votre visage.

▸ Prendre soin de sa bouche :

Le bicarbonate fait partie de la composition de nombreux dentifrices. Il neutralise les acides qui se forment suite à la décomposition des restes de nourriture coincés entre les dents. Ces acides doivent être combattus, car ils s'attaquent à l'émail des dents. Le bicarbonate de soude à une double action puisqu'il blanchit les dents grâce à ses propriétés abrasives. Il y a deux façons de l'employer pour notre hygiène orale :

Pour rafraichir l'haleine, en éliminant les odeurs désagréables causées par l'ingestion de nourriture de caractère acide, par exemple l'ail et l'oignon, ou des aliments fortement basiques, comme le poisson :

» *Liste des ingrédients*
- 1 cuillerée à café de bicarbonate de soude
- 1 verre d'eau

Diluer le bicarbonate de soude dans l'eau.
Faire un bain de bouche avec cette solution.

▸ Pour blanchir les dents :

» *Liste des ingrédients*
- Bicarbonate de soude (autant que nécessaire)

Humidifiez la brosse à dents, saupoudrez un peu de bicarbonate et brossez les dents comme avec un dentifrice classique.
Attention : ce procédé ne doit pas être réalisé plus qu'une fois par semaine ; le bicarbonate de soude est abrasif et peut irriter les gencives ! Si vos gencives sont douloureuses ou fragilisées, arrêtez l'utilisation du bicarbonate et consultez un dentiste.

▸ Pour fabriquer votre dentifrice artisanal :

1ère recette
» *Liste des ingrédients*
- 1 cuillerée à café de bicarbonate de soude
- 1 cuillerée à café d'argile verte en poudre
- Quelques clous de girofle

- Mélanger dans un bol, le bicarbonate de soude et l'argile verte.

- Ecraser les clous de girofle à l'aide d'un pilon. Verser la poudre de clous de girofle dans le bol.
- Ajouter petit à petit l'eau en remuant, jusqu'à obtenir la consistance d'une pâte.
- Garder la pâte dans un récipient hermétique et l'utiliser comme dentifrice.

Quand on travaille avec les argiles, il est recommandé d'utiliser une spatule en bois. Le contacte avec le métal peut modifier le caractère de l'argile.

2ème recette

» ***Liste des ingrédients***

- 1 cuillerée à café de bicarbonate de soude
- 1 cuillerée à café de sel de mer fin
- 1 cuillerée à café de gingembre en poudre
- 3 cuillerées à soupe d'argile blanche fine en poudre
- 2 cuillerées à soupe de glycérine végétale (en pharmacie)
- 2 gouttes d'huile essentielle de menthe poivrée

Mélanger tous les ingrédients dans un bol.
Garder la pâte dans un bocal et l'utiliser comme un dentifrice.

Quand on travaille avec de l'argile, il est recommandé d'utiliser une spatule en bois. Le contact avec le métal peut changer le caractère de l'argile.

L'argile et le bicarbonate de soude ont de nombreuses qualités bénéfiques pour les dents. Ils aident à la cicatrisation, ils enlèvent les odeurs désagréables et ce sont des produits naturels. Néanmoins, ils sont aussi abrasifs. Utiliser ces dentifrices au maximum 2 fois par semaine. Faites un test avant, pour voir si vous vous adaptez bien à ce produit ou parlez-en à votre dentiste. Si vous sentez vos gencives douloureuses ou si elles sont irritées, arrêtez l'utilisation et consultez un dentiste.

Les dentifrices artisanaux ne durent pas longtemps. N'hésitez pas à jeter la couche supérieure, si elle a un aspect bizarre. Vous pouvez aussi faire la recette à petite dose pour essayer.

▸ Prendre soin de ses cheveux :

Les gels, les laques, les mousses et même les shampoings et les après-shampoings laissent des résidus sur les cheveux qui les alourdissent. Pour enlever ses résidus et rendre les cheveux plus doux et brillants :

» *Liste des ingrédients*
- 1 cuillerée à café de bicarbonate de soude

Ajouter une fois par semaine à votre shampoing le bicarbonate de soude et faire comme d'habitude.
Les peignes et brosses à cheveux seront bien propres et nettoyés ainsi :

» *Liste des ingrédients*
- Solution de bicarbonate de soude

Tremper les brosses dans la solution de bicarbonate de soude tiède.
Laisser agir quelques heures avant de les rincer.

▸ Déodorant :

Le bicarbonate de soude remplace le déodorant, en éliminant vraiment les odeurs au lieu de les cacher :

» *Liste des ingrédients*
- Bicarbonate de soude (autant que nécessaire)

Appliquer un peu de bicarbonate de soude sous les bras.

▸ Après-rasage :

La solution de bicarbonate de soude fait un excellent baume après-rasage. Cette solution élimine la sensation de feu après le rasage et rend la peau plus douce :

» *Liste des ingrédients*
- 1 cuillerée à soupe de bicarbonate de soude
- 1 verre d'eau tiède

Diluer le bicarbonate de soude dans le verre d'eau tiède.
Appliquer la solution sur le visage.

▸ Combattre l'acidité de l'estomac :

L'un des usages les plus populaires du bicarbonate de soude est celui d'antiacide stomacal. Voici une fameuse recette de grand-mère :

» *Liste des ingrédients*

•1/2 cuillerée à café de bicarbonate de soude
•1/2 verre d'eau

Diluer complètement le bicarbonate de soude dans l'eau.
Boire la solution d'un seul trait.

Attention : évitez cette recette si vous suivez une diète spéciale dans laquelle le sodium doit être restreint (régime sans sel). Si vous prenez des médicaments, mieux vaut vérifier les interactions avec votre médecin. Les personnes qui ont des problèmes de cœur et de circulation sanguine ou les femmes enceintes ne doivent pas non plus prendre de bicarbonate de soude sans avoir consulté un médecin au préalable. L'effet antiacide du bicarbonate n'est pas recommandé aux enfants de moins de 5 ans.

▸ Soulager les eczémas de la peau

Le bicarbonate de soude aide aussi à soulager les piqûres d'insectes et les brûlures dues à un coup de soleil :

1ère recette

» ***Liste des ingrédients***

•Pâte de bicarbonate de soude
•De la gaze ou du coton

Appliquer la pâte de bicarbonate de soude sur la gaze ou le coton.
Faire des compresses sur la piqûre ou la brûlure et laisser agir jusqu'à ce que la compresse soit bien sèche.

2ème recette

» ***Liste des ingrédients***

•250 ml de bicarbonate de soude
•250 g de maïzena

Dans un bain d'eau tiède, verser le bicarbonate de soude et la maïzena.
Appliquer sur la zone et laisser sécher. Rincer.
Si vous êtes allergique aux piqures d'insectes ou que les eczémas sont très importants, allez vite voir un médecin. L'allergie peut être dangereuse ! De même pour les brulures dues aux coups de soleil : si vous n'arrivez pas à vous sentir soulagé ou si vous avez de la fièvre, filez vite à l'hôpital !

▸ Soulager les maux de gorge :

» *Liste des ingrédients*
- 1 cuillerée à café de bicarbonate de soude
- 1 cuillerée à café de sucre brun
- 1 cuillerée à café de sel
- 1 verre d'eau tiède

Diluer tous les ingrédients dans le verre d'eau tiède.
Faire un gargarisme avec cette solution.

▸ Soigner les aphtes :

Les aphtes sont ces petits ulcères douloureux qui se forment à l'intérieur des lèvres ou des parois buccales. Si vous en avez souvent, cela peut provenir d'un problème d'acidité excessive de l'estomac. Dans ce cas, il vaut mieux consulter un médecin pour connaître les causes du problème. Il y a aussi des aphtes qui apparaissent de façon sporadique. Pour ceux-là, le bicarbonate de soude peut être très utile ! Il est vrai que cette cure pique un peu au départ, mais elle vaut la peine d'être essayée :

» *Liste des ingrédients*
- Une pincée de bicarbonate de soude

Appliquer une pincée de bicarbonate de soude sur l'aphte.

▸ déboucher le nez du bébé :

Une bonne idée pour déboucher le nez du bébé, sans avoir besoin d'employer des médicaments traditionnels :

» *Matériel*
- Un flacon avec un compte-gouttes (à acheter en pharmacie)

» *Liste des ingrédients*
- 1/4 cuillerée à café de bicarbonate de soude
- 1/2 cuillerée à café de sel fin de table
- 1 verre d'eau bouillante

Diluer le bicarbonate de soude et le sel dans l'eau tiède.
Remplir le flacon et attendre que la solution soit froide pour l'utiliser.
Administrer seulement une ou deux gouttes à la fois. Vous pouvez consulter votre médecin afin de savoir combien de fois par jour vous pouvez appliquer cette cure.

Le bicarbonate de soude dans l'art culinaire :

On trouve surtout le bicarbonate de soude au rayon cuisine des supermarchés, et plus particulièrement au rayon pâtisserie, mais parfois aussi aux côtés des épices. En effet, son usage le plus répandu reste en cuisine ! Il sert toujours à la confection des gâteaux, des biscuits et d'autres délices sucrés. Avant que l'usage du bicarbonate de soude en cuisine soit devenu si populaire, il fallait se servir de ses muscles pour faire gonfler la pâte d'un gâteau ! La formule pour avoir un beau gâteau était physique : malaxer longuement et énergiquement la pâte, pendant une longue période, pour que l'air puisse pénétrer dans le mélange, en ajoutant un ferment biologique (champignons - levain). Même si la pâte gonfle grâce à cette méthode, elle reste toujours lourde et dense. Les premiers à avoir utilisé le bicarbonate de soude en cuisine ont permis de révolutionner le monde de la pâtisserie ! Ensuite a été créée la levure chimique afin de faciliter la vie des pâtissiers et des gourmands !

La levure chimique, connue aussi sous le nom de « poudre à lever », est un produit fondamental pour créer de délicieux gâteaux, cookies et d'autres gourmandises. En réalité, bicarbonate de soude et levure chimique possèdent des propriétés similaires. Ils aident les pâtes à grossir et à devenir légères et moelleuses. Pourquoi alors utiliser l'un plutôt que l'autre ?
Cela dépend tout d'abord des ingrédients utilisés dans chaque recette. S'il y a tout ce qu'il faut pour que le bicarbonate de soude puisse réagir, et libérer le gaz, cela revient au même d'utiliser l'un ou l'autre. La levure chimique contient d'ailleurs du bicarbonate de soude, mais elle contient aussi de l'acide tartrique. Cet acide est un élément qui déclenche une réaction entraînant la libération du dioxyde de carbone. C'est ce gaz qui provoque le gonflement de la pâte et donne son aspect aéré. Quand vous coupez un gâteau bien moelleux, il est possible de voir les petites alvéoles qui se sont formées suite à la libération de ce gaz carbonique. Sans cela, les gâteaux ne gonfleraient pas et seraient lourds. La levure chimique est plus adaptée dans les recettes qui n'ont pas d'ingrédients acides, comme le lait ou le miel. Si dans la recette, il y a des composants acides en quantité suffisante pour assurer l'activation du bicarbonate de soude, il peut tout à fait remplacer la levure chimique. D'autant plus, qu'il enlève l'arrière-goût de quelques ingrédients qui peuvent s'avérer trop acides dans les sucreries, comme le citron ou l'orange. Pour cette raison, il est assez commun de trouver des recettes où l'usage de la levure chimique et du bicarbonate de soude est combiné.

Et, en parlant d'acidité, voilà une bonne raison pour utiliser le bicarbonate de soude aussi dans les recettes salées ! La sauce tomate qui laisse un arrière-goût amer à la gorge, la sauce salade ratée, car on a eu la main lourde sur le vinaigre ou la moutarde, la sauce pour le poisson avec trop de citron, toutes ces sauces peuvent être corrigées avec une pincée de bicarbonate de soude !

Astuce ...

Les secrets de base du bicarbonate

- Une pincée de bicarbonate de soude peut retirer l'acidité des sauces qui ont mal tournées.
- L'acidité de certains légumes, comme les feuilles de moutarde, disparaît en rajoutant un petit peu de bicarbonate de soude pendant la cuisson.
- Laver les légumes et les salades avec 2 cuillerées de bicarbonate de soude aide à éliminer les résidus agrotoxiques, pesticides et autres saletés indésirables.
- Le bicarbonate de soude est très utilisé dans la confection de gelées et de pâte à fruit : il empêche la cristallisation du sucre.
- En ajoutant un petit peu de bicarbonate de soude dans les recettes de confiture ou les gelées de fruits rouges ou de rhubarbe, la quantité de sucre nécessaire diminue : le bicarbonate coupe l'acidité des fruits !
- Ajouter une pincée de bicarbonate de soude dans l'eau, aide à équilibrer son pH et à faire un café plus savoureux.

Mais attention : il est vrai que les légumes cuits avec un peu de bicarbonate de soude deviennent plus colorés. Néanmoins, le bicarbonate de soude peut changer la structure des vitamines. Il ne faut donc pas en abuser ! L'esthétique des légumes est secondaire ! Utilisez le bicarbonate de soude surtout comme levure ou pour réduire l'acidité des fruits ou des sauces.
Pour les légumes secs, comme les fèves, haricots et lentilles, l'usage du bicarbonate de soude est intéressant pour réduire les troubles gastriques pétaradants...

Gâteau de gingembre avec des graines de lin

Temps de préparation : 30 minutes
Temps de repos : aucun
Temps de cuisson : 40 minutes
Recette pour 12 personnes

60 ml d'huile de maïs
60 ml de lait
1 tasse de farine de blé complète
2 cuil. à soupe de graines de lin moulues
200 g de miel
2 1/2 cuil. à soupe de gingembre moulu
1 cuil. à café de cannelle en poudre
1 cuil. à café de clous de girofle en poudre ou moulus
2 cuil. à café de bicarbonate
1/2 cuil. à café de sel
1/2 verre d'eau tiède

✓ Dans un bol, mélanger tous les ingrédients sauf le bicarbonate de soude, l'eau et la farine.
✓ Dans le verre d'eau tiède, verser le bicarbonate de soude et bien mélanger jusqu'à ce qu'il soit complètement dissout.
✓ Verser le contenu du verre dans le bol.
✓ Ajouter la farine préalablement tamisée, petit à petit, en remuant la pâte pour ne pas former de grumeaux.
✓ Verser la pâte dans un moule beurré et mettre au four préchauffé pendant 40 min environ à 180 degrés.

Gâteau facile au chocolat

Temps de préparation : 20 minutes
Temps de repos : aucun
Temps de cuisson : 40 minutes
Recette pour 8 personnes

2 tasses de farine de blé
2 tasses de sucre
1 tasse de chocolat en poudre sans sucre
1 cuil. de bicarbonate de soude
200 g de beurre
1 tasse de lait
3 œufs

✓ Dans un récipient, mélanger la farine de blé, le sucre, le chocolat en poudre et le bicarbonate de soude.
✓ Mettre à chauffer dans une casserole, le lait et le beurre. Bien mélanger ces ingrédients jusqu'à ce que le beurre soit fondu.
✓ Verser le mélange de beurre et de lait dans le bol et ajouter la farine de blé, le sucre, le chocolat en poudre et le bicarbonate de soude. Bien mélanger la pâte, en ajoutant aussi les œufs.
✓ Verser la pâte encore chaude dans un moule beurré. Mettre au four préchauffé à 180 degrés pendant 40 min.

Gâteau aux pommes vertes

Temps de préparation : 20 minutes
Temps de repos : aucun
Temps de cuisson : 45 minutes
Recette pour 8 personnes

4 cuil. de beurre
3/4 tasse de sucre brun
2 œufs
1 tasse de lait
2 tasses de farine de blé
2 tasses de pommes vertes pelées et découpées en petits morceaux
2 cuil. de levure chimique
1 cuil. à café de bicarbonate
1 cuil. à café de cannelle en poudre
100 g de noix de coco râpé

✓ Mixer dans un bol, le beurre et le sucre brun jusqu'à ce qu'il prenne la consistance d'une crème.
✓ Ajouter les œufs et mixer.
✓ Ajouter ensuite le lait, la farine de blé tamisée, et continuer à mixer.
✓ Ajouter à la pâte la levure chimique, le bicarbonate de soude et la cannelle en poudre.
✓ Ajouter les pommes vertes et la noix de coco râpé.
✓ Verser la pâte dans un moule à cake anglais, beurré et saupoudré avec un peu de farine. Mettre au four préchauffé à 180 degrés pendant 45 min.

Muffins au chocolat noir et aux noix

Temps de préparation : 30 minutes
Temps de repos : aucun
Temps de cuisson : 25 minutes
Recette pour 10 personnes

1 tasse de sucre non raffiné
1/2 tasse d'huile de tournesol
3 œufs
1/2 tasse de chocolat en poudre
2 tasses de farine de blé
2 cuil. à café de levure chimique
1 cuil. à café de bicarbonate
1 cuil. à café de sel
1/2 tasse de noix

200 g de chocolat noir
Du sucre glace pour décorer

✓ Mixer le sucre, l'huile et les œufs jusqu'à obtenir une crème.
✓ Dans un récipient, bien mélanger les ingrédients secs : le chocolat en poudre, la farine, le bicarbonate de soude, la levure, le sel, les noix et le chocolat noir en petits morceaux.
✓ Mélanger la crème aux ingrédients secs afin que la pâte soit homogène.
✓ Verser la pâte dans les petits moules à muffins déjà beurrés ; les moules doivent être remplis seulement jusqu'à la moitié !
✓ Mettre les moules au four préchauffé à 180 degrés pendant 25 min.
✓ Démouler les muffins et les saupoudrer de sucre glace.

Si vous n'avez pas de moules à muffins, vous n'avez pas besoin d'en acheter pour essayer cette recette délicieuse. Il est aussi possible de faire cuire la pâte dans un simple moule rectangulaire, du type cake anglais. Mais, attention : le temps de cuisson peut changer. Pour savoir si le muffin est bien cuit, plantez un couteau dans la pâte, s'il en ressort sec, cela veut dire que votre gâteau est prêt !

Petits carrés de gingembre

Temps de préparation : 30 minutes
Temps de repos : aucun
Temps de cuisson : 10 minutes
Recette pour 8 personnes

1/2 tasse de miel
3 cuil. à soupe de beurre
1 cuil. à café de maïzena
1 tasse de farine de blé
1 cuil. à café de bicarbonate
1 cuil. à café de gingembre en poudre
1/2 cuil. à café de sel

✓ Dans une casserole, chauffer le miel sans le faire bouillir. Ajouter ensuite le beurre et mélanger.
✓ Tamiser dans un bol à part, la maïzena, la farine de blé, le gingembre en poudre, le sel et le bicarbonate de soude. Verser ensuite les ingrédients secs sur le caramel formé par le miel et le beurre.
✓ Etaler le caramel sur une planche en bois, saupoudrée de farine afin d'éviter que cela colle. Couper le caramel en petits carreaux.
✓ Ranger les petits carreaux dans un plat ou un moule et les mettre au four préchauffé (180 degrés) pendant 10 min.

Falafels égyptiens à la manière de Sarah

Temps de préparation : 40 minutes
Temps de repos : 8 heures environ
Temps de cuisson : 5 minutes environ
Recette pour 5 personnes

500 g de fèves écrasées
Ciboulette
persil
Coriandre
Ail
Oignons
1 piment
Sel et poivre
1 cuil. à soupe de bicarbonate
Huile pour friture

✓ Dans une casserole, faire bouillir une quantité suffisante d'eau pour y faire tremper les fèves. Une fois que l'eau bout, couper le feu et laisser l'eau tiédir. Ajouter ensuite le bicarbonate de soude. Tremper les fèves dans cette solution et les laisser reposer pendant une nuit.
✓ Le lendemain, égoutter les fèves et ajouter les ingrédients restants. La quantité d'herbes à mettre varie selonles goûts de chacun.
✓ Mixer les ingrédients jusqu'à obtenir une pâte homogène. Façonner les boulettes de falafe de cette façon l : prélever un peu de pâte et la rouler en boulette ; aplatir les boulettes doucement avec les mains.
✓ Chauffer l'huile dans une casserole, jusqu'à quelle soit bien chaude. Mettre les boulettes de falafel à frire.

Astuce...

Le bicarbonate de soude et les fèves, les haricots et les lentilles

La recette de falafel n'est pas la seule qui combine l'usage du bicarbonate et des fèves. En effet, le bicarbonate se marie bien à tous les légumes secs, comme les fèves, les haricots, les lentilles, les petits pois, etc. L'emploi du bicarbonate a deux finalités principales : la première est d'accélérer la cuisson des légumineuses qui deviennent ainsi plus moelleuses ; la deuxième est de diminuer l'effet « gaz » provoqué par ces aliments. Une petite pincée de bicarbonate peut faire la différence ! Votre recette traditionnelle devient plus digeste et plus savoureuse grâce à ce petit secret.

Astuce ...

Les secrets du bicarbonate de soude pour réussir vos recettes :

Une omelette plus moelleuse ?
Ajouter ½ cuillerée à café de bicarbonate de soude pour 3 œufs. L'omelette va devenir plus airée, légère et encore plus délicieuse !

Purée de patates légères
Une pincée de bicarbonate de soude à la cuisson de la purée pour qu'elle devienne moelleuse et légère.

Blanc en neige plus mousseux :
Une pincée de bicarbonate de soude versé sur les blancs d'œuf aide à monter plus vite les blancs en neige qui seront encore plus mousseux.

Pour un steak plus tendre :
Frotter le steak avec du bicarbonate de soude et le laisser reposer pendant quelques heures. Rincer avant de le cuire.

Enlever le goût trop prononcé du poisson :
Une recette à base de poisson peut être gâchée par un arrière-goût très fort de poisson ! Pour éviter cela, frotter le poisson cru avec le bicarbonate de soude et le laisser reposer pendant une demi-heure. Laver et préparer le poisson.

Côtelettes de porc super croustillantes :
Frotter la graisse qui entoure les côtelettes avec du bicarbonate avant de les préparer et voilà !

Volaille tendre :
Frotter l'intérieur de la volaille avec du bicarbonate de soude et laisser au réfrigérateur pendant une nuit avant de la préparer.

Liste de sites Internet où trouver du bicarbonate

- http://boutique.consoglobe.com/
- http://www.eco-sapiens.com/
- http://www.toutallantvert.com/
- http://www.eluoecolo.com/
- http://www.maison-ecolo.com/
- http://www.maison-au-naturel.com/
- http://www.marche-equitable.com/

Bibliographie

- **LANSKY Vicki,** *Baking Soda – over 500 fabulous, fun and frugal uses you've propably never thought of The Leader Co.*, Inc., 1995.

- **Krcmar Martina,** Le bicarbonate : saveurs et vertus, Grancher, 2007

- **Raffa,** Le grand ménage – mes recettes pour une maison propre naturellement. Livre électronique téléchargeable sur le blog de Raffa : http://raffa.grandmenage.info/

- **Groupe Solvay,** « Le bicarbonate Solvay : mille utilisations pour mille occasions ». Brochure en ligne : http://www.solvaybicar.com/docroot/sodium_bicarbonate/static_files/attachments/brochure_bicarbonate_grand_public_fr_161006.pdf

- **Greenpeace,** « Mettons les toxiques hors la loi – pour que les citoyens d'Europe vivent dans un environnement plus sain, débarrassés de substances toxiques. ». Brochure en ligne : http://www.greenpeace.org/raw/content/france/presse/dossiers-documents/tox-hors-la-loi.pdf

- **Le site du fabricant américain de bicarbonate, Arm & Hammer :** http://www.armhammer.com/myhome/

- **Le site de la Société Française de Chimie :** http://www.sfc.fr/

- **Le site de la WSPPN – Western Sustainability and Pollution Prevention Network :** http://www.wrppn.org/